¿Qué hará la Iglesia después de la resurrección?

¿Qué hará LA IGLESIA después de la RESURRECCIÓN?

Vicente Russildi
Editor: Eliud A. Montoya

PALABRA PURA
palabra-pura.com

¿Qué hará la Iglesia despues de la resurrección?

Copyright © 2021 por Vicente Russildi

Todos los derechos reservados

Derechos internacionales reservados

ISBN: 978-1-951372-21-7

Las citas bíblicas de esta publicación han sido tomadas de la Reina-Valera 1960™ © Sociedades Bíblicas en América Latina, 1960. Derechos renovados 1988, Sociedades Bíblicas Unidas. Utilizado con permiso.

Apreciamos mucho HONRAR los derechos de autor de este documento y no retransmitir o hacer copias de éste en ninguna forma (excepto para el uso estrictamente personal). Gracias por su respetuosa cooperación.

Diseño del libro: Iuliana Sagaidak Montoya

Editorial: Palabra Pura, www.palabra-pura.com

CATEGORÍA: Religión / Estudios Bíblicos / Profecía

CONTENIDO

Prólogo | 11

Introducción | 13

    Ideas centrales que nos darán claridad sobre este tema | 13

    ¿Qué hará la Iglesia luego de la resurrección de los muertos? | 14

    ¿Qué haremos por la eternidad? | 16

    La pregunta es: ¿cómo quieres ser llamado en el cielo? | 17

    Cuadro de temas principales (avance) | 20

1. Estableciendo las bases | 21

    Las promesas de Dios | 21

    La fe | 21

    El arrepentimiento | 22

    Fe y el arrepentimiento | 22

    Cuadro de temas principales (avance) | 25

2. El mundo invisible de Dios | 27

    Características generales de los ángeles | 28

    Cuadro de temas principales (avance) | 42

3. Los ángeles y sus misiones en la Biblia | 43

    Los ángeles y sus misiones en el libro de los Hechos | 55

    Los ángeles llevaron importantes mensajes a algunas personas claves en los evangelios | 58

    Los ángeles y sus jerarquías | 59

El quinto querubín | 67

La Nueva Jerusalén | 70

Un grave error en el pueblo de Dios | 74

Cuadro de temas principales (avance) | 84

4. Ubicación cronológica de la promesa | 85

¿Qué pasará con los muertos sin Cristo? | 90

Los predicadores que serán desconocidos por Dios | 92

El proceso de juicio es similar al terrenal | 94

Cuadro de temas principales (avance) | 97

5. Las obras y el tribunal de Cristo | 99

Las obras | 100

El Tribunal de Cristo | 103

Características de los integrantes de la Iglesia de Cristo | 104

¿Cómo será esta evaluación? | 106

¿Qué será evaluado en el Tribunal de Cristo? | 110

Los pastores y los ancianos tienen una corona esperándolos | 120

La verdad absoluta de su Palabra | 121

La cronología bíblica del Tribunal de Cristo | 123

Busca la sabiduría de Dios | 124

Las coronas | 126

Cuadro de temas principales (avance) | 129

6. Las promesas de Dios para su Iglesia en el futuro espiritual | 131

La promesa más grande | 131

En la resurrección seremos como los ángeles | 133

Los que esperan en Jehová tendrán nuevas fuerzas | 133

La Iglesia gobernará con Jesucristo por mil años | 134

Jesucristo nos dará autoridad sobre las naciones | 135

 Plan de Dios para lograr un mundo de paz | 135

 Algunas características del milenio | 138

 Cuadro de temas principales (avance) | 142

Resolución | 143

Recopilación de versículos usados en este libro | 145

Jesucristo dijo:
«Porque cuando resuciten de los muertos ... serán como los ángeles que están en los cielos» — Marcos 12:25

PRÓLOGO

«Porque en él fueron creadas todas las cosas, las que hay en los cielos y las que hay en la tierra, visibles e invisibles; sean tronos, sean dominios, sean principados, sean potestades; todo fue creado por medio de él y para él» (Colosenses 1:16).

Todo cristiano tiene su fe puesta en las promesas de Dios. Y éstas incluyen una bastante grande: que un día a todos nosotros en Cristo se nos manifestará el **mundo invisible** y seremos parte de él. Dios es fiel a su Palabra.

Los que hemos decidido seguir a Cristo sabemos que tendremos parte en este mundo en el futuro, después de la resurrección de los muertos, en el día postrero; y ésta es una promesa inigualable de nuestro Señor Jesucristo, la encontramos en Juan 6:40. De ello, Jesucristo hace una declaración impactante: «Porque en la resurrección... serán como los ángeles de Dios en el cielo» (Mateo 22:30). Es decir, seremos parte de un mundo de operaciones y leyes muy diferentes a las que ahora imperan en el mundo visible de hoy.

Es la razón por la que escribí este libro, porque estoy convencido de que la Iglesia necesita profundizar el mundo invisible de Dios —escudriñando las Escrituras— y enterarse de las promesas que Él tiene para su futuro; pues de esta manera estaremos contestando una pregunta sumamente clave: **¿Qué hará la Iglesia después de la resurrección?**

INTRODUCCIÓN

En este libro estudiaremos el mundo invisible de Dios y las promesas futuras que Él tiene para su Iglesia. Así que, a fin de comprender bien este tema empezaremos por explicar en lo que consiste la promesa clave. La promesa clave es: «serán como los ángeles de Dios en el cielo» (Mateo 22:30). Es necesario primero profundizar en esta promesa, puesto que, si no la entendemos bien, no podremos comprender los temas siguientes. Esta declaración del Señor Jesucristo es uno de los grandes misterios que Él nos ha revelado, dentro del paquete de misterios que Él nos reveló cuando estuvo en esta tierra. Él dijo: «Abriré en parábolas mi boca; Declararé cosas escondidas desde la fundación del mundo» (Mateo 13:35).

Esto nos lleva a estudiar y profundizar en el tema de los ángeles, es decir, en el mundo invisible de Dios. Luego veremos el tema de las promesas del Todopoderoso respecto a la Iglesia después de la resurrección. Y por último concluiremos sobre, ¿cómo quieres ser llamado en el cielo?

Ideas centrales que nos darán claridad sobre este tema

Promesa clave de Jesucristo: «*serán como los ángeles del cielo*»	**Definición de misterio:** algo que sólo Dios conoce y que ahora ha sido revelado a los seres humanos.
Conocimiento bíblico del mundo invisible de Dios: los seres celestiales, sus misiones, sus características y sus jerarquías.	**Se contesta la pregunta:** ¿cómo opera el mundo espiritual a la luz de la Biblia?
Promesas para la Iglesia en el futuro: cuando se opere la resurrección de los muertos	Todo cristiano cree en las promesas de Dios.
¿Qué hará la Iglesia en el cielo?	«¿Cómo quieres ser llamado en el cielo, grande o pequeño?» (Mateo 5:19).

¿Qué hará la Iglesia luego de la resurrección de los muertos?

Todo aquel que ha decidido seguir a Jesucristo y con diligencia lo hace, le interesa saber qué hará la Iglesia en el cielo, ya que es ciudadano de éste (Filipenses 3:20). El cristiano pertenece a un mundo espiritual que no ve, pero es real, es «el mundo invisible de Dios» (Colosenses 1:16).

Partimos de lo siguiente: que los ángeles son parte del mundo invisible de Dios y de esto Jesucristo dice: «Cuando ustedes resuciten serán como ellos» [parafraseado].

¿Por qué Jesucristo no da detalles respecto a esta impactante declaración? Porque toda la información que de este dicho se deriva se encuentra a lo largo y ancho de su Palabra, de la Biblia, desde el Génesis hasta el Apocalipsis; es ahí donde todas sus promesas están descritas, y los ángeles se mencionan en más de 300 ocasiones en ella.

Cuando Jesucristo aclara a los saduceos sobre qué seríamos luego de la resurrección él añadió:

«Erráis, ignorando las Escrituras **y el poder de Dios**» (Mateo 22:29).

Al escudriñar las Escrituras entendemos las operaciones del mundo espiritual y las promesas de Dios para el futuro; es decir, comprendemos el fascinante mundo invisible: sus funciones, sus misiones y sus jerarquías. Y cuando esto suceda, entonces no podemos equivocarnos, pues seremos capaces de discernir un mundo espiritual que, aunque no lo veamos, es más real que nuestra propia existencia.

Los cristianos creemos en los ángeles, no porque creamos en leyendas, libros de ficción o películas de Hollywood, ¡no! **Los cristianos creemos en los ángeles simplemente porque la Palabra de Dios dice que éstos son reales.**

Los seres celestiales están presentes en la Biblia para cumplir los planes perfectos de Dios en relación con la humanidad. Y cuando entendemos este mundo invisible creado por Dios, y sumamos a esto el conocimiento de las promesas divinas para la Iglesia en el futuro, esto resulta en un incentivo gigantesco para obedecer a la Palabra y pelear la buena batalla de la que habla Pablo a Timoteo. Él dijo: «He peleado la buena batalla, he acabado la carrera, he guardado la fe» (2 Timoteo 4:7); pues entenderemos que **lo único que llevaremos a la presencia de Dios es lo que hayamos hecho en esta vida para su reino.**

La mira de un cristiano está en las cosas celestiales, es decir, en hacer tesoros en el cielo: «Haceos tesoros en el cielo... poned la mira en las cosas de arriba». Un cristiano se esfuerza por obedecer a la Palabra de Dios y cree a sus promesas. Esta es la fe verdadera.

> «No os hagáis tesoros en la tierra, donde la polilla y el orín corrompen y donde ladrones minan y hurtan; sino haceos tesoros en el cielo, donde ni la polilla ni el orín corrompen, y donde ladrones no minan ni hurtan» (Mateo 6:19-20).

> «Poned la mira en las cosas de arriba, no en las de la tierra» (Colosenses 3:2).

Toda obra que hagas en la tierra en el nombre de Jesucristo, por mínima que sea, no quedará sin recompensa. Las obras no son para lograr la salvación aquí, sino para obtener recompensas en el cielo.

> «Y cualquiera que os diere un vaso de agua en mi nombre, porque sois de Cristo, de cierto os digo que no perderá su recompensa» (Marcos 9:41).

En Apocalipsis 4 Juan describe a veinticuatro ancianos cuyas coronas ellos arrojan delante del trono del Cordero de Dios, dando así la gloria y la honra al que vive por los siglos de los siglos. Estos ancianos representan la Iglesia, y ser parte de esta maravillosa adoración al Señor Jesucristo es la gloria más preciosa contenida en las Escrituras, no hay gloria mayor a ésta. Sin embargo, aunque la observancia de esta maravillosa escena y del cumplimiento de las *palabras fieles y verdaderas* de las que habló el Señor (Apocalipsis 22:6) es algo indescriptible, no es el fin de la historia, Dios tiene para nosotros todavía mucho más, y todo cristiano debería conocer en qué consiste lo que sigue.

> «Los veinticuatro ancianos se postran delante del que está sentado en el trono, y adoran al que vive por los siglos, **y echan sus coronas delante del trono**, diciendo: Señor, **digno eres de recibir la gloria y la honra y el poder**, porque tú creaste todas las cosas, y por tu voluntad existen y fueron creadas» (Apocalipsis 4:10-11).

Pero, ¿qué es lo que sigue? Después de esto estaremos por la eternidad con Jesucristo. Él dijo: «En la casa de mi Padre muchas moradas hay». La Biblia dice:

> «Luego nosotros los que vivimos, los que hayamos quedado, seremos arrebatados juntamente con ellos en las nubes para recibir al Señor en el aire, **y así estaremos siempre con el Señor**» (1 Tesalonicenses 4:17).

«En la casa de mi Padre muchas moradas hay, si así no fuera, yo os lo hubiera dicho; voy, pues, a preparar lugar para vosotros» (Juan 14:2).

Pienso que cada cristiano alguna vez se ha preguntado qué es lo que haremos en el cielo cuanto estemos en la presencia de Dios. Y esta pregunta es legítima, puesto que se trata de nuestro futuro. Sin embargo, cada uno puede tener una idea distinta en función del conocimiento bíblico que tenga.

Alguna vez yo pregunté a mi esposa: «Qué haremos en el cielo?» y ella contestó: «Estaremos platicando con Dios cada a cara». Y yo respondí: «¿Todo el tiempo?, recuerda que estaremos toda la eternidad con Él».

Fue precisamente esta pregunta lo que me hizo profundizar: ¿qué es lo que dice Dios en su Palabra respecto a esto?

Sin duda alguna, mi esposa tiene razón al tomar en cuenta que los ángeles pueden ver cara a cara a Dios y nosotros seremos como ellos.

«Mirad que no menospreciéis a uno de estos pequeños; porque os digo que sus ángeles en los cielos ven siempre el rostro de mi Padre que está en los cielos» (Mateo 18:10).

El hecho de poder ver cara a cara a Dios no tiene precio, ni creo que existan palabras que puedan describir tal evento profético.

¿Qué haremos por la eternidad?

Cada cristiano tiene una corona preparada por Dios que corresponde a nuestras obras. La Biblia habla de una *corona incorruptible,* y nos dice que la cuidemos, pues ésta será —tal fue el caso de los veinticuatro ancianos— la que lanzaremos a los pies del trono de Dios para darle gloria y honor. Esta corona es sin duda alguna algo muy preciado que será entregado a cada uno luego de la resurrección.

«He aquí, yo vengo pronto, **retén lo que tienes, para que ninguno tome tu corona»** (Apocalipsis 3:11).

«Todo aquel que lucha, de todo se abstiene; ellos, a la verdad, para recibir **una corona corruptible, pero nosotros, una incorruptible»** (1 Corintios 9:25).

Existen grados de recompensas en el cielo puesto que Jesucristo dijo que en el cielo habrá quienes serán llamados grandes y otros serán llamados pequeños. Por lo tanto, **tu nombre nuevo (porque** tendremos un nombre nuevo) puede ser llamado grande o tu nombre puede ser llamado pequeños en el cielo.

> «*De manera que cualquier que quebrante uno de estos mandamientos muy pequeños, y así enseñe a los hombres,* **muy pequeño será llamado en el reino de los cielos***; mas cualquier que los haga y los enseñe, éste* **será llamado grande en el reino de los cielos**» (Mateo 5:19).

> «*El que tiene oído, oiga lo que el Espíritu dice a las iglesias. Al que venciere, daré a comer del maná escondido, y le daré una piedrecita blanca, y en la piedrecita escrito* **un nombre nuevo**, *el cual ninguno conoce sino aquel que lo recibe*» (Apocalipsis 2:17).

La pregunta es: ¿cómo quieres ser llamado en el cielo?

Todos tendremos un nombre distinto en el cielo, y nuestro nombre podrá ser llamado grande o pequeño en relación a otros ciudadanos del cielo. Es verdad que todos estamos bajo el plan perfecto de Dios, pero cada uno tiene su nombre en función de su responsabilidad, tal y como sucede con los ángeles. Los ángeles tienen distintas operaciones, diferentes características, distintas misiones y Jesucristo nos sigue diciendo: «*Serán como los ángeles del cielo*».

El conocimiento respecto a los ángeles, aunado a las promesas de Dios para la Iglesia en futuro (reveladas en las Escrituras) nos dan una idea cercana de lo que haremos por la eternidad.

Los ángeles tienen jerarquías, responsabilidades y obligaciones; Jesucristo explicó a sus discípulos que hay jerarquías en el cielo:

> «*De cierto os digo: Entre los que nacen de mujer no se ha levantado otro mayor que Juan el Bautista;* **pero el más pequeño en el reino de los cielos, mayor es que él**» (Mateo 11:11).

Jesucristo dijo que no hay nadie mayor a Juan el Bautista, aquí en la tierra, desde que ésta ha sido poblada por los seres humanos, y esto desde la perspectiva y principios celestiales.

Cuando Jesús comparó a Juan el Bautista con los seres celestiales, dijo que, aunque él era el mayor de los profetas, el menor en el cielo era más grande que él en ese momento; es decir, Juan está en un mayor nivel que los profetas mayores y menores, y aun es mayor que los apóstoles; pero también Cristo dice que él es el más pequeño si se compara con otros siervos de Dios que están en el cielo. Así, con esto, también el Señor nos revela que existen grados o niveles delante de Todopoderoso.

Si un grupo de personas son evaluadas terrenalmente tratándose de determinar quién es de entre éste el más importante, seguramente su resultado será muy distinto al de Dios si Él tratara de llegar a esta misma conclusión.

¿Por qué? Porque las leyes que rigen una evaluación y otra son distintas. Dios tiene otros principios: los principios terrenales no son los celestiales, y a un cristiano le interesan los principios celestiales no los terrenales. Esto es para lo que Dios nos está preparando en esta vida, para ser vencedores; vivimos en un mundo terrenal caído en preparación para vivir en un mundo espiritual vencedor. Hoy ese mundo está presente en el corazón de cada creyente en Cristo, pero llegará el día en que se manifieste palpablemente.

En el cielo existen jerarquías: principados, gobernadores, potestades y huestes. Existen grados de autoridad angelical, por ejemplo, los arcángeles y los serafines; pero Jesucristo está por encima de toda autoridad en el cielo y en la tierra.

«Y vosotros estáis completos en él, que es la cabeza de todo principado y potestad» (Colosenses 2:10).

¿Cómo quieres ser llamado en el cielo? ¿Con un nombre grande o con un nombre pequeño?

Si escudriñamos las Escrituras, podremos darnos cuenta de muchas cosas que la Iglesia hará después de la resurrección. Jesucristo viene por su novia, la Iglesia, para desposarse con ella en las bodas del Cordero, y si entendemos mejor la naturaleza y función de los seres celestiales, tendremos una visión más amplia y concreta de lo que haremos allá.

Este libro podrá ayudar a un hijo de Dios para ser en gran medida motivado a pelear la buena batalla de fe, al tiempo de ayudar a los no creyentes a que el velo que no les permite ver las cosas celestiales les sea quitado.

Podemos asegurar que existen cristianos que se encuentran hoy en su zona de confort (la cual no necesariamente es placentera), y otros que están detenidos o desmotivados para servir a Dios. Así que, al leer este libro éstos podrán recibir aliento y ser ayudados a cobrar ánimo para esforzarse y ser valientes al pelear la buena batalla, a fin de que, al llegar a la presencia de Dios, no llegue con las manos vacías. ¿Eres tú una de esas personas?

No hay duda de que el mayor milagro que pueda tener lugar en una persona es la salvación, el éxito espiritual más grande es ser constituido en un hijo de Dios y ser salvo; sin embargo, ¿qué sigue? En el cielo nada quedará sin recompensa, ¿cómo quieres ser llamado?

Entender lo que haremos en el cielo, en el mundo espiritual, conlleva muchas bendiciones; por tanto, siendo que Jesucristo no sólo nos llama a escudriñar una parte de las Escrituras sino todas, en este libro estudiaremos:

1.- Las promesas de Dios para su Iglesia en el futuro.

2.- El mundo invisible de Dios, los seres celestiales (sus misiones, sus características y sus jerarquías); y finalmente,

3.- Las conclusiones respecto a lo que haremos después de la resurrección y qué relación tienen nuestras obras con lo que haremos en el cielo.

«*Escudriñad las Escrituras; porque a vosotros os parece que en ellas tenéis la vida eterna y ellas son las que dan testimonio de mí*» (Juan 5:39).

Es necesario aclarar que este libro no promueve la veneración ni honra a los ángeles, sino descubrir su lugar en el corazón de Dios, esto será posible escudriñando la Palabra de Dios.

Los ángeles son muy importantes para Dios, ya que fueron creados para cumplir sus planes perfectos, y la Biblia nos dice que los salvos serán como ellos. Así que, el único digno de recibir la honra y la gloria es el Padre y nuestro Señor Jesucristo. Juan, al escribir el libro de Apocalipsis dejó muy claro este punto:

«*Yo Juan soy el que oyó y vio estas cosas. Y después que las hube oído y visto,* **me postré para adorar a los pies del ángel que me mostraba estas cosas.** *Pero él me dijo: Mira, no lo hagas;* **porque yo soy consiervo tuyo, de tus hermanos los profetas,** *y de los que guardan las palabras de este libro.* **Adora a Dios**» (Apocalipsis 22:8-9).

Un ángel no podrá interceder por otros o comunicar un evangelio diferente al que la Biblia establece. Ha sucedido a través de la historia que los ángeles han sido objeto de culto y esto ha dado lugar al nacimiento de sectas y religiones, las cuales se basan en apariciones sobrenaturales. Pero ningún ángel que promueva la adoración para sí mismo podrá ser de Dios. La Biblia es clara al respecto:

«Mas si aun nosotros, ***o un ángel del cielo, os anunciare otro evangelio diferente*** del que os hemos anunciado, sea anatema» (Gálatas 1:8).

El conocimiento correcto de los ángeles —la angelología— nos hará comprender plenamente que éstos están al servicio de la creación de Dios y existen para cumplir su voluntad; por tanto, el objetivo de su estudio no es que nosotros tratemos directamente con ellos, ni mucho menos que les adoramos, y ni aún darles algún lugar como intercesores entre Dios y los hombres.

Cuadro de temas principales

PROMESA CLAVE	→	«SEREMOS COMO LOS ÁNGELES»
Introducción	→	¿Por qué es importante estudiar el tema?
Estableciendo las bases	→	Fe + Arrepentimiento = obediencia y significa creer a las promesas bíblicas
El mundo invisible de Dios	→	Conocimiento de su operación
Los ángeles y sus misiones en la Biblia	→	Conocimiento de sus responsabilidades y obligaciones (pues seremos como ellos)
Ubicación cronológica de la promesa	→	Cuándo, cómo y dónde se cumple la promesa de Dios
Las obras y el Tribunal de Cristo	→	La relación de las obras con lo que haremos en el cielo
Las promesas de Dios para su Iglesia en el futuro	→	Análisis de las promesas de Dios para la Iglesia en el futuro
Resolución	→	¿En qué edifica mi vida conocer este tema?

1

ESTABLECIENDO LAS BASES

A fin de que puedas entender en su cabal extensión este libro, es necesario establece algunas bases importantes.

Las promesas de Dios
La Biblia está llena de promesas que son aplicables a los cristianos. Dios ha querido que cada uno de ellos goce de ellas. Nuestro Dios es bueno con toda la humanidad y existen muestras de ello por doquier: el aire, el sol y toda la naturaleza; la maravilla del cuerpo humano, y sus capacidades, etc., pero Dios tiene bendiciones especiales para los suyos, es decir, para todos aquellos que han sido lavados en la sangre de su Hijo Jesús.

Las promesas de Dios dan comienzo desde el Génesis, y continúan hasta el Apocalipsis, y todas y cada una de ellas tiene su cumplimiento. No obstante, para que las promesas de Dios se cumplan en el cristiano este deberá estar en una buena comunicación con Dios y manifestar fe.

La fe
Un hijo de Dios cree a las promesas bíblicas, simplemente porque son Palabra de Dios. Sin fe es imposible agradar a Dios, ¿por qué? Porque la verdadera fe descansa en la premisa de que Dios realmente existe; que es un Dios de poder, uno que tiene la capacidad de crear todo lo

visible: la tierra, el sol, la luna, el cuerpo humano, las plantas, los animales, etc., y también lo invisible, lo que nuestros ojos no pueden ver en el terreno físico. Se trata así de que creer que Dios es único, real, poderoso, fiel y verdadero; que es un Dios vivo que nos revela promesas en su Palabra y éstas se cumplen.

Una promesa central en la Biblia dice que la vida no termina cuando mueres; y que, si eres un hijo de Dios, serás como los ángeles. Cuando tienes una verdadera fe crees que esto es verdad, estás convencido: tienes una real certeza.

«Pero sin fe es imposible agradar a Dios; porque es necesario que el que se acerca a Dios crea que le hay, y que es galardonador de los que le buscan» (Hebreos 11:6).

¿Cómo obtenemos fe?

«Así que la fe es por el oír, y el oír, por la Palabra de Dios» (Romanos 10:17).

Cuando una persona escucha la Palabra de Dios, ésta causa un efecto poderoso en ella. La Palabra de Dios es viva y eficaz y da como resultado una fe genuina: la persona cree en verdad que las promesas de Dios siempre se cumplen.

El arrepentimiento

Dios manda a todos los hombres en el mundo que se arrepientan. ¿Arrepentirse de qué? De sus pecados.

Jesucristo murió en la cruz por nuestros pecados. Ésta fue la razón por la que él vino a la tierra, para tomar nuestro lugar Éramos nosotros los que merecíamos estar en esa cruz, ya que la ley de Dios dice que la paga del pecado es muerte, y que todos estamos destituidos de la gloria [presencia] de Dios por causa del pecado. Una persona que verdaderamente se ha arrepentido se aleja del pecado.

«Pero Dios, habiendo pasado por alto los tiempos de esta ignorancia, ahora manda a todos los hombres en todo lugar, que se arrepientan» (Hechos 17:30).

«Por cuanto todos pecaron, y están destituidos de la gloria de Dios» (Romanos 3:23).

Fe y arrepentimiento

Una verdadera fe y un arrepentimiento genuino conlleva a creer y obedecer la Palabra de Dios. Esto incluye sus promesas y sus mandatos.

Si una persona posee una fe débil y un arrepentimiento falso este libro le ayudará a fortalecer su fe y a mostrar delante de Dios un arrepentimiento genuino; ya que, de otra manera, este libro sería como el guion de una película de ciencia ficción.

La fe y el arrepentimiento son una formula para apropiarse de las promesas de Dios, para que éstas se cumplan en ti. Por esta razón Dios dice que *sin fe es imposible agradarle*, porque el resultado de la fe es la obediencia, y sin obediencia es imposible agradar a Dios.

> *«Así que, amados, puesto que tenemos tales promesas, limpiémonos de toda contaminación de carne y de espíritu, perfeccionando la santidad en el temor de Dios»* (2 Corintios 7:1).

Un cristiano se esfuerza por obedecer la Palabra de Dios, ya que ésta es para él la autoridad.

Es ilógico pensar que Dios tuvo el poder para crear los cielos y la tierra, pero no tuvo el poder para dejar un código de instrucciones para el ser humano; así es que, la Biblia es la verdad absoluta.

Muchas personas no creen en la Biblia porque ésta los contradice; éstos son aquellos que se han hecho un dios a su imagen y semejanza. Sin embargo, la Biblia sigue siendo la instrucción que Dios ha dejado al ser humano.

La Biblia nos permite conocer a Dios. Sin la Biblia el ser humano no tendría idea de quién es su creador y qué quiere de él. Así, la Biblia es el único documento fidedigno que Dios ha establecido para que le conozcamos. **Es una contradicción pensar que Dios tuvo el poder para hacer la creación, pero no lo tuvo para dejar su instrucción.** La Biblia es la Palabra de Dios, por tanto, es la verdad absoluta.

La fórmula siguiente siempre funciona: **Fe + Arrepentimiento = Obediencia.**

> *«Bienaventurados los perfectos de camino,* **Los que andan en la ley de Jehová***. Bienaventurados* **los que guardan sus testimonios, Y con todo el corazón le buscan; Pues no hacen iniquidad** *Los que andan en sus caminos.* **Tu encargaste Que sean muy guardados tus mandamientos. ¡Ojalá fuesen ordenados mis caminos Para guardar tus estatutos!»** (Salmos 119:1-5).

> *«Y habiendo sido perfeccionado, vino a ser autor de eterna salvación* **para todos los que le obedecen**» (Hebreos 5:9).

> «*El que tiene mis mandamientos, y los guarda, ése es el que me ama; y el que me ama*, será amado por mi Padre, y yo le amaré, y me manifestaré a él» (Juan 14:21).

Un cristiano se examina si está en la verdadera fe:

> «*Examinaos a vosotros mismos si estáis en la fe*; probaos a vosotros mismos. ¿O no os conocéis a vosotros mismos, que Jesucristo está en vosotros, a menos que estéis reprobados? (2 Corintios 13:5).

> «Es, pues, la fe la certeza de lo que se espera, la convicción de lo que no se ve» (Hebreos 11:1).

CERTEZA: seguridad —tengo la seguridad de que Dios existe, aunque no lo vea y sé que sus promesas se cumplen.

CONVICCIÓN: obediencia —si estoy convencido, obedezco sus mandatos.

El resultado de una verdadera fe y un arrepentimiento genuino es creer en la Deidad, en su poder, en su soberanía y en su control sobre todas las coas; en un Dios fiel que cumple todas sus promesas.

<u>¿Cuál debe ser la actitud de un cristiano ante una promesa bíblica?</u>

Para contestar esta pregunta pongamos un ejemplo. Un padre de familia hace una promesa a su hijo: «Si consigues buenas notas en la escuela, te regalaré un automóvil».

<u>¿Qué actitud es la que agrada al Padre?</u> (pongamos tres opciones, una de ellas es la correcta)

⇒ Que el hijo tome la promesa con incredulidad, por lo tanto, no se esfuerce por conseguir buenas notas en la escuela.

⇒ Que el hijo crea en la promesa hecha por su padre, pero no se esfuerce en estudiar.

⇒ Que el hijo crea en la promesa, se apropie de ella y se esfuerce para que se cumpla.

<u>¿Qué agrada más al Padre?</u>

Dios tiene un gran número de promesas para el presente y para el futuro; sin embargo, este libro se enfocará en gran manera en las promesas que Dios tiene para la Iglesia en el futuro.

La actitud de un cristiano ante una promesa bíblica debe ser de fe y determinación, porque se trata de la Palabra de Dios, el Todopoderoso, es Él quien está haciendo la promesa y Él no falla. Esta actitud es la que agrada a Dios y sin fe, y sin arrepentimiento no es posible agradarle.

Pues bien, teniendo bien claras estas bases, entraremos a los temas que atañen a este libro, *¿Qué hará la Iglesia en la resurrección de los muertos?*

El primer tema general que estaré abordando para contestar esta importante pregunta es el del conocimiento del mundo invisible de Dios: los seres celestiales.

Cuadro de temas principales

PROMESA CLAVE	→	«SEREMOS COMO LOS ÁNGELES»
Introducción		¿Por qué es importante estudiar el tema?
Estableciendo las bases		Fe + Arrepentimiento = obediencia y significa creer a las promesas bíblicas
El mundo invisible de Dios		Conocimiento de su operación
Los ángeles y sus misiones en la Biblia	→	Conocimiento de sus responsabilidades y obligaciones (pues seremos como ellos)
Ubicación cronológica de la promesa		Cuándo, cómo y dónde se cumple la promesa de Dios
Las obras y el Tribunal de Cristo		La relación de las obras con lo que haremos en el cielo
Las promesas de Dios para su Iglesia en el futuro		Análisis de las promesas de Dios para la Iglesia en el futuro
Resolución		¿En qué edifica mi vida conocer este tema?

2
EL MUNDO INVISIBLE DE DIOS

Los ángeles son seres espirituales cuyo deber es servir a Dios. Son seres con inteligencia, emociones, con voluntad propia, y son invisibles. Los ángeles caminan, vuelan, hablan, son poderosos y se pueden materializar en cuerpo humano.

Los ángeles pueden ver cara a cara a Dios, le glorifican, son sus mensajeros y se ocupan en cumplir el plan perfecto de Dios. Son poderosos ejecutores de las órdenes de Dios y siempre están listos para cumplir las misiones que Dios, en su soberanía, les designe.

Ellos son seres creados, tienen clasificaciones y jerarquías, distintas características entre sí y diferentes misiones.

La palabra *ángel* significa mensajero, comisionado, enviado; y cuando nos referimos a que es un ser enviado nos referimos a el traslado de un mundo eterno a un mundo pasajero y finito.

La cantidad de ángeles es incontable, y todos ellos tienen diferentes operaciones. Nosotros seremos como ellos. En Apocalipsis a los predicadores de las siete iglesias (referidas en los capítulos 2 y 3) Dios les llama *ángeles*. Estas iglesias fueron escogidas por Dios para revelar a la humanidad —y las demás iglesias establecidas desde el día del pentecostés hasta hoy— un mensaje muy importante. Las siete iglesias del Apocalipsis son iglesias históricas, su mención y mensaje tienen fines proféticos, y Dios llama ángeles a los predicadores de cada una de ellas.

Vemos también que a los ángeles en la Biblia se les llama *estrellas*. Dice la Biblia —por ejemplo— que satanás bajó como una estrella, y satanás era un ángel denominado en la clasificación de *querubín grande*. Asimismo, en el capítulo 9 de Apocalipsis, una estrella baja del cielo, pero se trata de un ángel, y no de una estrella.

> «*El quinto ángel tocó la trompeta, y vi una estrella que cayó del cielo a la tierra; y se le dio la llave del pozo del abismo*» (Apocalipsis 9:1).

Los ángeles superan en perfección a las criaturas visibles. Ellos no tienen un cuerpo físico, más bien son espíritus ministradores a favor de la Iglesia de Jesucristo; su número es millones de millones, es decir, un número incontable. **La Biblia nos dice que los ángeles son reales.**

Características generales de los ángeles

<u>1.- Los ángeles ven cara a cara a Dios</u>

> «*Mirad que no menospreciéis a uno de estos pequeños; porque os digo que* **sus ángeles en los cielos ven siempre el rostro de mi Padre que está en los cielos**» (Mateo 18:10).

<u>2.- Los ángeles bendicen a Dios, son ejecutores de su Palabra y hacen la voluntad de Dios</u>

> «**Bendecid a Jehová, vosotros sus ángeles**, Poderosos en fortaleza, **que ejecutáis su palabra, Obedeciendo la voz de su precepto**» (Salmos 103:20).

<u>3.- Los ángeles están a los dos lados del trono de Dios</u>

> «*Entonces él dijo: Oye, pues, palabra de Jehová: Yo vi a Jehová sentado en su trono,* **y todo el ejército de los cielos estaba junto a él, a su derecha y a su izquierda**» (1 Reyes 22:19).

<u>4.- Dios creó a los ángeles en multitud</u>

> «*Tú solo eres Jehová; tú hiciste los cielos, y los cielos de los cielos, con todo su ejército, la tierra y todo lo que está en ella, los mares y todo lo que hay en ellos; y tú vivificas todas estas cosas, y los ejércitos de los cielos te adoran*» (Nehemías 9:6).

<u>5.- Los ángeles pueden ser visibles al ojo humano</u>

Cuando nació el Mesías, la Biblia dice que los ángeles fueron visibles al ojo humano. Los magos (que en realidad no eran magos, porque la magia es hechicería y esto es algo reprobado por Dios; una traducción más correcta sería *sabios*), ellos vieron una estrella, y ante esto podemos preguntarnos, ¿qué realmente sería esta estrella, pues dice la Biblia que se movía y guiaba a los magos. ¿Sería esto un ángel? Podemos pensar que sí.

Por cierto, es un error decir que estos sabios eran tres, porque la Biblia no menciona una cantidad; además de esto, erramos al darles nombres, porque la Biblia no menciona sus nombres. En realidad, eran sabios que conocían de los movimientos astronómicos, por lo tanto, eran astrónomos y no astrólogos.

ASTRONOMÍA: Ciencia que estudia el universo, el universo es estudiado por la NASA.

ASTROLOGÍA: Brujería, práctica para conocer el futuro por medio de los astros. Esto es pecado y tiene que ver con la adivinación.

Los ángeles también fueron visibles para los pastores mencionados en el nacimiento de Jesús.

«*Y repentinamente* ***apareció con el ángel una multitud de las huestes celestiales****, que alababan a Dios y decían: ¡Gloria a Dios en las alturas, Y en la tierra paz, buena voluntad para con los hombres!*» (Lucas 2:13-14).

<u>6.- ¿Pueden los ángeles reproducirse?</u>

La respuesta a esta pregunta es no. Los ángeles son asexuales, no tienen sexo, en el cielo los ángeles no se casan.

«*Entonces respondiendo Jesús, les dijo: Los hijos de este siglo se casan, y se dan en casamiento; más los que fueren tenidos* ***por dignos de alcanzar aquel siglo y la resurrección de entre los muertos, ni se casan, ni se dan en casamiento****» (Lucas 20:34-35).

<u>7.- Los ángeles son inmortales</u>

«***Porque no pueden ya más morir, pues son iguales a los ángeles****, y son hijos de Dios, al ser hijos de la resurrección*» (Lucas 20:36).

<u>8.- Son poderosos en fuerza y en potencia</u>

«*Mientras que los ángeles,* ***que son mayores en fuerza y en potencia****, no pronuncian juicio de maldición contra ellas delante del Señor*» (2 Pedro 2:11).

«Bendecid a Jehová, vosotros sus ángeles, **Poderosos en fortaleza**, que ejecutáis su palabra, Obedeciendo a la voz de su precepto» (Salmos 103:20).

9.- <u>Los seres humanos son impactados ante la presencia de un ángel, por esta razón sería un milagro que una persona los vea</u>

«Pasando el día de reposo, al amanecer del primer día de la semana, vinieron María Magdalena y la otra María, a ver el sepulcro. Y hubo un gran terremoto; porque **un ángel del Señor, descendiendo del cielo** y llegando, removió la piedra, y se sentó sobre ella. Su aspecto era como un relámpago, y su vestido blanco como la nieve. **Y de miedo de él los guardias temblaron y se quedaron como muertos**» (Mateo 28:1-4).

10.- <u>Los ángeles son sabios</u>

«Para mudar el aspecto de las cosas Joab tu siervo ha hecho esto; **pero mi señor es sabio conforme a la sabiduría de un ángel de Dios**, para conocer lo que hay en la tierra» (2 Samuel 14:20).

11.- <u>Los ángeles pueden comer</u>

«Sin embargo, mandó a las nubes de arriba, Y abrió las puertas de los cielos, **E hizo llover sobre ellos maná para que comiesen, Y les dio trigo de los cielos. Pan de nobles comió el hombre;** Les envió comida hasta saciarles» (Salmos 78:23-25).

«**Nuestros padres comieron el maná** en el desierto, como está escrito: **Pan del cielo les dio a comer**» (Juan 6:31).

El pueblo de Israel comió pan de ángeles durante el tiempo que estuvo en el desierto, luego de ser liberado por Dios de la esclavitud de Egipto. Los ángeles también comieron comida de humanos cuando estuvieron con Lot, cuando fueron enviados por Dios para perpetuar el juicio contra Sodoma y Gomorra (estando sus cuerpos materializados en cuerpos humanos).

«**Llegaron, pues, los dos ángeles a Sodoma a la caída de la tarde**; y Lot estaba sentado a la puerta de Sodoma. Y viéndolos Lot, se levantó a recibirlos, y se inclinó hacia el suelo, y dijo: Ahora, mis señores, os ruego que vengáis a casa de vuestro siervo y os hospedéis, y lavaréis vuestros pies; y por la mañana os levantaréis, y seguiréis vuestro camino. Y ellos respondieron: No, que en la calle nos quedaremos esta noche. Mas él porfió con ellos mucho, y fueron con él, y entraron en su casa; *y les hizo banquete, y coció panes sin levadura, y comieron*» (Génesis 19:1-3).

12.- Los ángeles son espíritus ministradores a favor de la Iglesia

«Pues, ¿a cuál de los ángeles dijo Dios jamás: Siéntate a mi diestra, Hasta que ponga a tus enemigos por estado de tus pies? ¿No son todos **espíritus ministradores**, enviados para servicio **a favor de los que serán herederos de la salvación?**» (Hebreos 1:13-14).

13.- Los ángeles pueden quebrantar las leyes físicas de la naturaleza

«Y a los hombres que estaban a la puerta de la casa hirieron con ceguera desde el menor hasta el mayor, de manera que se fatigaban buscando la puerta» (Génesis 19:11).

14.- Los ángeles pueden volar

Los ángeles no son omnipresentes, pues la omnipresencia es un atributo divino, es decir, está sólo reservado para el Padre, el Hijo y el Espíritu Santo. Satanás tampoco es omnipresente. No obstante, podemos pensar que, para cumplir el propósito divino, los ángeles pueden viajar a velocidades inimaginables.

«*Por encima de él había serafines; cada uno tenía seis alas; con dos cubrían sus rostros, con dos cubrían sus pies, y* **con dos volaban**» (Isaías 6:2).

«*Y miré,* **y oí a un ángel volar por en medio del cielo**, *diciendo a gran voz: ¡Ay, ay, ay, de los que moran en la tierra, a causa de los otros toques de trompeta que están para sonar los tres ángeles!*» (Apocalipsis 8:13).

«**Vi volar por en medio del cielo a otro ángel**, *que tenía el evangelio eterno para predicarlo a los moradores de la tierra, a toda nación, tribu, lengua y pueblo*» (Apocalipsis 14:6).

15.- No sólo vuelan, sino que vuelan a velocidades extraordinarias

«*Aún estaba hablando en oración, cuando el varón Gabriel, a quien había visto en la visión al principio,* **volando con presteza**, *vino a mí como a la hora del sacrificio de la tarde*» (Daniel 9:21).

16.- Los ángeles no se pueden contar

El número de ángeles en el cielo supera por mucho la cantidad de seres humanos en la tierra. La Biblia dice que existen en cantidades tan grandes que no se pueden contar.

«*¿Tienen sus ejércitos número?* ¿Sobre quién no está su luz?» (Job 25:3).

Caeremos en un error (por desconocer las Escrituras), si creemos que la operación del mundo invisible de Dios es pequeña. Incluso si tomáramos como referencia la cantidad de seres humanos que han existido desde la creación de Adán y Eva hasta la fecha, este número sería bastante pequeño en comparación con la cantidad de ángeles que existen.

Es difícil pensar que, si los ángeles nos superan por mucho en cantidad, su operación sea pequeña comparada con la de los seres humanos. No, más bien, la operación celestial es mucho más grande que la operación y actividad humana. La Biblia nos dice que ellos son muchos, millones.

«*Sino que os habéis acercado al monte de Sion, a la ciudad del Dios vivo, Jerusalén la celestial,* **a la compañía de muchos millares de ángeles**» (Hebreos 12:22).

¿Crees tú que la cantidad de ángeles que menciona la Biblia está ociosa en nuestros días? No, pues éstos son espíritus ministradores a favor de la Iglesia y cumplen la voluntad de Dios. Su operación es muy grande y muy importante.

Los carros de Dios se cuentan por veintenas de millones de millares:

«*Los carros de Dios se cuentan* **por veintenas de millares de millares***; El Señor viene del Sinaí a su santuario*» (Salmos 68:17).

Definitivamente no estamos solos en este mundo, existen seres celestiales que cumplen la voluntad de Dios y ellos están al pendiente de nosotros (de la Iglesia), y de lo que sucede en el mundo visible. La oración del Padre Nuestro lo afirma, en las regiones celestes se hace la voluntad del Padre.

«*Venga tu reino.* **Hágase tu voluntad, como en el cielo, así también en la tierra**» (Mateo 6:10).

Asimismo, cuando la Iglesia esté delante del trono de Dios, habrá ángeles y su número será millones de millones, es decir, una cantidad que no se puede contar.

«*Y miré, y oí la voz de muchos ángeles alrededor del trono, y de los seres vivientes, y de los ancianos;* **y su número era millones de millones**» (Apocalipsis 5:11).

¿En realidad creemos que somos los únicos en el universo? La Biblia nos dice que en ocasiones no nos damos cuenta de que hemos tenido contacto con los ángeles, pero podemos estar rodeados de ellos.

*«No os olvidéis de la hospitalidad, porque por ella algunos, sin saberlo, **hospedaron ángeles***» (Hebreos 13:2).

Pensar que estamos solos en el universo es como pensar que hoy en día habita sola una pareja en una ciudad que tiene una gran infraestructura. Más bien podemos pensar que existe tanta o más operación en el mundo espiritual como la existe entre los seres humanos aquí en la tierra.

Ahora bien, si sabemos que existe una multitud de ángeles operando en el mundo espiritual (debido a las declaraciones que hace la Palabra de Dios), surge una pregunta válida: este mundo espiritual de Dios ¿se puede manifestar?

Al hacer un breve recorrido por las Escrituras veremos que este mundo se ha manifestado de diversas formas y maneras. Recordemos que en el mundo espiritual hay ángeles de satanás operando también. Éste se llevó la tercera parte de los ángeles, y esta tercera parte supera por mucho la cantidad de los humanos que han existido a través de la historia. Así que, el razonamiento de que el mundo espiritual está lejos de nosotros, esperando su actuación hasta que Jesucristo venga es ilógico. Por otro lado, llegará el día cuando este mundo espiritual sea manifiesto a todos:

*«He aquí que viene con las nubes, y **todo ojo le verá**, y los que le traspasaron; y todos los linajes de la tierra harán lamentación por él. Sí, amén»* (Apocalipsis 1:7).

El libro de Apocalipsis expresa que Dios manifestará la victoria de la Iglesia y nos exhorta a no poner en duda lo que ahí se establece cuando dice: «Estas palabras son fieles y verdaderas». Con toda seguridad llegará el día en que todos podrán ser testigos de la realidad del mundo espiritual.

*«Y me dijo: **Estas palabras son fieles y verdaderas**. Y el Señor, el Dios de los espíritus de los profetas, ha enviado su ángel, para mostrar a sus siervos las cosas que deben suceder pronto»* (Apocalipsis 22:6).

17.- Los ángeles se gozan en el cielo cuando un pecador se arrepiente (los ángeles tienen emociones)

*«**Os digo que así habrá más gozo en el cielo por un pecador que se arrepiente**, que por noventa y nueve justos que no necesitan*

*de arrepentimiento... **Así que hay gozo delante de los ángeles de Dios por un pecador que se arrepiente»*** (Lucas 15:7,10).

Nos dice la Biblia que los ángeles se alegran cuando un pecador se arrepiente, y puesto que la alegría es un sentimiento, podemos concluir que los ángeles tienen sentimientos. No existe un milagro más grande que el cambio de corazón: el momento cuando el Espíritu Santo convence al pecador de pecado, de justicia y de juicio. De esto surgen las preguntas: ¿qué tanta fiesta estarás tú provocando en el cielo? ¿a cuántas personas les hablas de Cristo? ¿Estás cumpliendo la gran comisión?

18.- Los animales pueden percibir la presencia de los ángeles

Preguntémosle a Balaam, el adivino (Josué 13:22). El profeta no pudo percibir la presencia de un ángel de Dios, mientras que el burro en donde estaba montado sí.

> «***Y el asna vio al ángel de Jehová*** *que estaba en el camino con su espada desnuda en su mano; y se apartó el asna del camino, e iba por el campo. Entonces azotó Balaam al asna para hacerla volver al camino.* ***Pero el ángel de Jehová*** *se puso en una senda de viñas que tenía pared a un lado y pared al otro.* ***Y viendo el asna al ángel de Jehová****, se pegó a la pared, y apretó contra la pared el pie de Balaam; y él volvió a azotarla.* ***Y el ángel de Jehová pasó más allá****, y se puso en una angostura donde no había camino para apartarse ni a derecha ni a izquierda.* ***Y viendo el asna al ángel de Jehová****, se echó debajo de Balaam; y Balaam se enojó y azotó al asna con un palo.* ***Entonces Jehová abrió la boca al asna****, la cual dijo a Balaam: ¿Qué te he hecho, que me has azotado estas tres veces? Y Balaam respondió al asna: Porque te has burlado de mí. ¡Ojalá tuviera espada en mi mano, que ahora te mataría! Y el asna dijo a Balaam: ¿No soy yo tu asna? Sobre mí has cabalgado desde que tú me tienes hasta este día; ¿he acostumbrado hacerlo así contigo? Y él respondió: No. Entonces Jehová abrió los ojos a Balaam,* ***y vio al ángel de Jehová que estaba en el camino****, y tenía su espada desnuda en su mano. Y Balaam hizo reverencia, y se inclinó sobre su rostro.* ***Y el ángel de Jehová le dijo:*** *¿Por qué has azotado tu asna estas tres veces? He aquí yo he salido para resistirte, porque tu camino es perverso delante de mí»* (Números 22:23-32).

Asimismo, los ángeles protegieron a Daniel en la fosa de los leones para que no le hicieran daño cuando fue arrojado ahí. Entonces los leones vieron los ángeles y no le hicieron ningún daño a Daniel.

> «Entonces Daniel respondió al rey: Oh rey, vive para siempre. **Mi Dios envió su ángel, el cual cerró la boca de los leones**, *para que no me hiciesen daño, porque ante él fui hallado inocente; y aun delante de ti, oh rey, yo no he hecho nada malo. Entonces se alegró el rey en gran manera a causa de él, y mandó sacar a Daniel del foso; y fue Daniel sacado del foso, y ninguna lesión se halló en él, porque había confiado en su Dios. Y dio orden el rey, y fueron traídos aquellos hombres que habían acusado a Daniel, y fueron echados en el foso de los leones ellos, sus hijos y sus mujeres; y aún no habían llegado al fondo del foso, cuando los leones se apoderaron de ellos y quebraron todos sus huesos»* (Daniel 6:21-24).

19.- Los apóstoles fueron espectáculo para los ángeles (la Iglesia también lo es)

«*Porque según pienso, Dios nos ha exhibido a nosotros los apóstoles como postreros, como a sentenciados a muerte;* **pues hemos llegado a ser espectáculos al mundo, a los ángeles y a los hombres**» (1 Corintios 4:9).

¿Qué significa la palabra *espectáculo*? La definición de esta palabra implica una observación intensa. Así, este pasaje dice que los ángeles observan lo que hacemos para el reino de Dios. Nosotros somos espectáculo para los ángeles, y Dios, en su soberanía, ha prefijado los límites de ellos, es decir, hasta donde a ellos les es permitido intervenir.

20.- ¿Qué posición jerárquica tiene la Iglesia respecto a los ángeles?

La Iglesia está por encima en posición jerárquica respecto a los ángeles, y cuando se cumpla la promesa de Jesús de que *serán como los ángeles* (después de las bodas del Cordero), Dios le dará la facultad de juzgarles (1 Corintios 6:3).

Jesucristo ama a su Iglesia y ella será desposada, pero ahora, mediante la oración, la Iglesia detona las operaciones del mundo espiritual. Así, la Iglesia está en un grado de autoridad espiritual mayor a la de los ángeles, más no los supera ahora en cuanto a capacidades ni conocimientos. La Biblia nos dice que el Padre sometió todas las cosas bajo los pies de Jesucristo y lo dio por cabeza sobre todas las cosas a la Iglesia. Jesús es cabeza de la Iglesia, y siendo que ella es su cuerpo, tiene autoridad mediante el nombre de Jesús.

«*Sobre todo principado y autoridad y poder y señorío, y sobre todo nombre que se nombra, no sólo en este siglo, sino también en el venidero; y sometió todas las cosas bajo sus pies,* **y lo dio por cabeza sobre todas las cosas a la iglesia**, *la cual es su cuerpo, la plenitud de Aquel que todo lo llena en todo*» (Efesios 1:21-23)

La Iglesia tendrá el poder de juzgar los ángeles en el siglo venidero:

«*¿O no sabéis que los santos han de juzgar al mundo? Y si el mundo ha de ser juzgado por vosotros, ¿sois indignos de juzgar cosas muy pequeñas?* **¿O no sabéis que hemos de juzgar a los ángeles?** *¿Cuánto más las cosas de esta vida?*» (1 Corintios 6:2-3).

Los ángeles están dispuestos a obedecer las órdenes de Dios, a los lados de su trono (1 Reyes 22:19), y Jesucristo se sienta a su diestra.

«*Quien habiendo subido al cielo está a la diestra de Dios;* **y a él están sujetos ángeles, autoridades y potestades**» (1 Pedro 3:22).

Dios no puso a ningún ángel a su diestra, sino sólo a Jesucristo; y los ángeles están allí para ministrar, son espíritus ministradores a favor de la Iglesia.

«*Pues,* **¿a cuál de los ángeles dijo Dios jamás: Siéntate a mi diestra**, *Hasta que ponga a tus enemigos por estrado de tus pies?*» (Hebreos 1:13).

21.- ¿Los ángeles pueden pecar?

«**Y a los ángeles que no guardaron su dignidad, sino que abandonaron su propia morada**, *los ha guardado bajo oscuridad, en prisiones eternas, para el juicio del gran día*» (Judas 1:6).

¿Quiénes son estos ángeles? Mi opinión personal es que estos ángeles son los hijos de Dios a que se refiere Génesis capítulo 6, los de la sociedad pre-diluviana. Éstos son los ángeles que alteraron la genética humana al tener relaciones con las hijas de los hombres. El resultado de ello, fueron los poderosos gigantes que se mencionan en el mismo libro de Génesis.

Existen muchos cristianos a quienes les cuesta digerir este tema y presentan diversas interpretaciones; asimismo, muchos desconocen por completo el asunto.

«*Aconteció que cuando comenzaron los hombres a multiplicarse sobre la faz de la tierra, les nacieron hijas, que viendo* **los hijos de Dios** *que las hijas de los hombres eran hermosas, tomaron para sí mujeres, escogiendo entre todas.* Y dijo Jehová: No contenderá mi espíritu con el hombre para siempre, porque ciertamente él es carne; mas serán sus días ciento veinte años. **Había gigantes en la tierra en aquellos días, y también después de que se llegaron los hijos de Dios a las hijas de los hombres, y les engendraron hijos.** Estos fueron los valientes que desde la antigüedad fueron varones de renombre» (Génesis 6:1-4).

El resultado de las relaciones sexuales que tuvieron los hijos de Dios con las hijas de los hombres fue estos gigantes mencionados en el pasaje. No se puede tapar el sol con un dedo, ya que Judas y Pedro también hablan de lo mismo.

«Y los ángeles que no guardaron su dignidad, sino **que abandonaron su propia morada**, los ha guardado bajo oscuridad, en prisiones eternas, para el juicio del gran día» (Judas 1:6).

«**Porque si Dios no perdonó a los ángeles que pecaron**, sino que arrojándolos al infierno los entregó a prisiones de oscuridad, para ser reservados al juicio» (2 Pedro 2:4).

Los gigantes continuaron existiendo durante mucho tiempo después de lo narrado en Génesis 6, por ejemplo, Goliat era un gigante.

No obstante, continuando con el tema de esta sección, es necesario aclarar que Jesucristo dijo que la Iglesia estará con Él para siempre; por lo tanto, todos los redimidos con su sangre que alcancemos salvación, no podremos pecar cuando seamos como los ángeles. Más aún, nosotros los juzgaremos a ellos (tal vez este juicio será el de aquellos ángeles que están ahora guardados en prisiones de oscuridad).

A manera de conclusión diré que en la sociedad pre diluviana hubo una alteración en la genética y Jesucristo dijo que su venida sería como en los días de Noé; así que, la sociedad actual también ha sido afectada por esta situación. Esta es una señal más del regreso inminente de Jesucristo por su Iglesia.

«**Mas como en los días de Noé**, así será la venida del Hijo del Hombre» (Mateo 24:27).

22.- *Los ángeles pueden materializarse en cuerpo humano. Ellos advirtieron del juicio de Sodoma y Gomorra*

Recordemos que Jesucristo dijo que los ángeles no se casan porque son asexuales, por tanto, los ángeles del Génesis, para poder tener relaciones con las hijas de los hombres, tuvieron que materializarse en cuerpos humanos (*abandonar su propia morada*), y el resultado de esto fue el nacimiento de los gigantes.

Los ángeles que advirtieron a Lot del juicio de Sodoma y Gomorra entraron a la ciudad con cuerpo humano. Lot no sabía que eran ángeles, ni su familia tampoco lo sabía.

23.- *Jacob peleó con un ángel*

«*En el seno materno tomó por el calcañar a su hermano, y con su poder venció al ángel. Venció al ángel, y prevaleció; lloró, y le rogó; en Bet-el le halló, y allí habló con nosotros*» (Oseas 12:3-4, en referencia a Génesis 32:24-28).

24.- *A Abraham los ángeles le anunciaron que sería padre*

«*Después le apareció Jehová en el encinar de Mamre, estando él sentado a la puerta de su tienda en el calor del día. Y alzó sus ojos y miró, y* **he aquí tres varones que estaban junto a él***, y cuando los vio salió corriendo de la puerta de su tienda a recibirlos, y se postró a tierra... Y le dijeron: ¿Dónde está Sara tu mujer? Y él respondió: Aquí en la tienda.* **Entonces dijo: De cierto volveré a ti; y según el tiempo de la vida, he aquí que Sara tu mujer tendrá un hijo**» (Génesis 18:1-2, 9,10).

25.- *El hombre es poco menor que los ángeles*

«*Digo: ¿Qué es el hombre, para que tengas de él memoria, Y el hijo del hombre, para que lo visites?* **Le has hecho poco menor que los ángeles, Y lo coronaste de gloria y de honra**» (Salmos 8:4-5).

26.- *Hay ejércitos de ángeles destructores*

«*Envió sobre ellos el ardor de su ira; Enojo, indignación y angustia,* **Un ejército de ángeles destructores**» (Salmos 78:49).

27.- *Los ángeles son seres espirituales*

«*¿No son todos* **espíritus ministradores***, enviados para servicio a favor de los que serán herederos de la salvación?* (Hebreos 1:14).

28.- *¿Cómo es el aspecto de un ángel?*

«*Su aspecto era como un relámpago, y su vestido blanco como la nieve*» (Mateo 29:3).

29.- ¿Qué pasa cuando un espíritu pasa cerca de ti?

«Y al pasar un espíritu por delante de mí, **Hizo que se erizara el pelo de mi cuerpo**» (Job 4:15).

30.- Un ángel, al manifestarse, puede provocar un terremoto

«**Y hubo un gran terremoto; porque un ángel del Señor, descendiendo del cielo y llegando, removió la piedra**, y se sentó sobre ella» (Mateo 28:2).

31.- Dios ha creado ángeles para la guerra

Dios es llamado «Jehová de los ejércitos» (*Jehová-Sabbaot*), ¿por qué? Porque Dios gobierna sobre tres ejércitos:

    a. La Iglesia
    b. La nación de Israel
    c. Sus ángeles

a. La Iglesia es llamada a vestirse de toda la armadura de Dios.

«**Vestíos de toda la armadura de Dios**, para que podáis estar firmes contra las asechanzas del diablo. Porque no tenemos lucha contra sangre y carne, sino contra principados, contra potestades, contra los gobernadores de las tinieblas de este siglo, contra huestes espirituales de maldad en las regiones celestes. Por tanto, **tomad toda la armadura de Dios**, para que podáis resistir en el día malo, y habiendo acabado todo, estar firmes. Estad, pues, firmes, **ceñidos vuestros lomos con la verdad, y vestidos con la coraza de justicia, y calzados los pies con el apresto del evangelio de la paz. Sobre todo, tomad el escudo de la fe**, con que podáis apagar todos los dardos de fuego del maligno. **Y tomad el yelmo de la salvación, y la espada del Espíritu, que es la palabra de Dios**, orando en todo tiempo con toda oración y súplica en el Espíritu, y velando en ello con toda perseverancia y súplica por todos los santos; y por mí, a fin de que al abrir mi boca me sea dada palabra para dar a conocer con denuedo el misterio del evangelio» (Efesios 6:11-19).

Somos soldados de Cristo y la lucha no es contra sangre y carne, sino que tenemos una lucha espiritual que pelear.

La Iglesia es llamada a predicar el evangelio.

«Y les dijo: **Id por todo el mundo y predicad el evangelio a toda criatura**» (Marcos 16:15).

Esto da lugar a una pregunta muy importante: ¿Estás cumpliendo con la gran comisión? Una de las misiones más importantes de la Iglesia es ganar almas para Cristo.

«*El fruto del justo es árbol de vida;* **Y el que gana almas es sabio**» (Proverbios 11:30).

b. La nación de Israel es también considerada como el ejército de Dios.

La nación de Israel ha peleado innumerables batallas y seguirá peleando. La promesa de Dios para esta nación es que nunca desaparecerá; y con 5,780 años de existencia es la nación más antigua del mundo. Imperios poderosos la han querido desaparecer y quienes han desaparecido han sido esos imperios. Israel es una nación por la cual Dios se da a conocer al mundo y los planes de Dios con Israel no han terminado. Una prueba de que Dios existe es precisamente el Estado de Israel.

c. Los ángeles de Dios son también su ejército:

«*Entonces vi el cielo abierto; y he aquí un caballo blanco, y el que lo montaba se llamaba Fiel y Verdadero, y con justicia juzga y pelea. Sus ojos eran como llama de fuego, y había en su cabeza muchas diademas; y tenía un nombre escrito que ninguno conocía sino él mismo. Estaba vestido de una ropa teñida en sangre; y su nombre es:* EL VERBO DE DIOS. **Y los ejércitos celestiales, vestidos de lino finísimo, blanco y limpio, le seguían en caballos blancos.** *De su boca sale una espada aguda, para herir con ella a las naciones, y él las regirá con vara de hierro; y él pisa el lagar del vino del furor y de la ira del Dios Todopoderoso. Y en su vestidura y en su muslo tiene escrito este nombre:* REY DE REYES Y SEÑOR DE SEÑORES» (Apocalipsis 19:11-16).

La Biblia nos habla de un ángel de alta jerarquía, su nombre es Miguel, un ángel creado para la guerra. Él comanda a millones de ángeles. Miguel peleará la futura batalla descrita en el Apocalipsis; también esta verdad está revelada por el profeta Daniel.

«**En aquel tiempo se levantará Miguel, el gran príncipe que está de parte de los hijos de tu pueblo**; *y será tiempo de angustia, cual nunca fue desde que hubo gente hasta entonces; pero en aquel tiempo será liberado tu pueblo, todos los que se hallen escritos en el libro*» (Daniel 12:1).

«*Después hubo una gran batalla en el cielo;* **Miguel y sus ángeles luchaban** *contra el dragón; y luchaban el dragón y sus ángeles; pero* *no prevalecieron, ni se halló ya lugar para ellos en el cielo»* (Apocalipsis 12:7-8).

Esta batalla tiene lugar en el tiempo del apocalipsis y Daniel la profetizó 750 años a. C. Asimismo, la Biblia registra una batalla en donde Miguel peleó con satanás para disputar el cuerpo de Moisés, esta es una lucha angelical de niveles muy altos. Deberíamos meditar por qué satanás quería el cuerpo de Moisés.

> *«Pero cuando* **el arcángel Miguel contendía con el diablo, disputando con él por el cuerpo de Moisés**, *no se atrevió a proferir juicio de maldición contra él, sino que dijo: El Señor te reprenda»* (Judas 1:9).

En tiempos del profeta Eliseo (quien fue el sustituto de Elías), había guerra de Siria contra Israel, y el rey de Siria perseguía a Eliseo. Entonces el rey sirio mandó sus ejércitos para aprender a Eliseo, de ello el criado le informa a su señor que estaban rodeados. Ante esto, Eliseo oró y Dios mandó un ejército de ángeles para defenderlos.

> *«Entonces envió el rey allá gente de a caballo, y carros, y un gran ejército, los cuales vinieron de noche, y sitiaron la ciudad. Y se levantó de mañana y salió el que servía al varón de Dios, y he aquí el ejército que tenía situada la ciudad, con gente de a caballo y carros. Entonces su criado le dijo: ¡Ah, señor mío! ¿qué haremos? El le dijo: No tengas miedo, porque más son los que están con nosotros que los que están con ellos. Y oró Eliseo, y dijo: Te ruego, oh Jehová, que abras sus ojos para que vea.* **Entonces Jehová abrió los ojos al criado, y miró; y he aquí que el monte estaba lleno de gente de a caballo, y de carros de fuego alrededor de Eliseo**. *Y luego que los sirios descendieron a él, oró Eliseo a Jehová, y dijo: Te ruego que hieras con ceguera a esta gente. Y los hirió con ceguera, conforme a la petición de Eliseo»* (2 Reyes 6:14-18).

Asimismo, fue un carro de fuego quien arrebató a Elías. Elías se fue vivo al cielo, sin ver muerte.

> *«Y aconteció que yendo ellos y hablando,* **he aquí un carro de fuego con caballos de fuego apartó a los dos**; *y Elías subió al cielo en un torbellino»* (2 Reyes 2:11).

Vale la pena comentar aquí que el nombre de Miguel significa «¿Quién es como Dios?», es por eso que los adventistas del séptimo día creen que Miguel es Cristo. Aunque este nombre signifique esta pregunta retórica, no significa que él sea Dios.

32. La visión de Jacob: ángeles bajando a la tierra.

Jacob tuvo una visión de lo que seguramente sucede a diario en el mundo invisible de Dios. Podemos imaginar una actividad enorme de ángeles al servicio de Dios a favor de la Iglesia de Jesucristo.

> «*Y soñó: y he aquí una escalera que estaba apoyada en tierra, y su extremo tocaba en el cielo; y* **he aquí ángeles de Dios que subían y descendían por ella**» (Génesis 28:12).

Hasta aquí hemos visto algunas características generales de los ángeles. Cabe mencionar que no analicé a profundidad los versículos que hemos visto, pues el propósito de este libro es estudiar más bien las capacidades de los ángeles.

Cuadro de temas principales

Promesa clave	«Seremos como los ángeles»
Introducción	¿Por qué es importante estudiar el tema?
Estableciendo las bases	Fe + Arrepentimiento = obediencia y significa creer a las promesas bíblicas
El mundo invisible de Dios	Conocimiento de su operación
Los ángeles y sus misiones en la Biblia	Conocimiento de sus responsabilidades y obligaciones (pues seremos como ellos)
Ubicación cronológica de la promesa	Cuándo, cómo y dónde se cumple la promesa de Dios
Las obras y el Tribunal de Cristo	La relación de las obras con lo que haremos en el cielo
Las promesas de Dios para su Iglesia en el futuro	Análisis de las promesas de Dios para la Iglesia en el futuro
Resolución	¿En qué edifica mi vida conocer este tema?

3

LOS ÁNGELES Y SUS MISIONES EN LA BIBLIA

En este capítulo hablaré de las misiones en las que Dios ha usado a los ángeles para intervenir en el mundo natural.

1.- Los ángeles protegen a los hijos de Dios

Dios tiene cuidado especial de sus hijos. La Palabra de Dios dice: Si Dios es contigo, ¿quién contra ti?

«¿Qué, pues, diremos a esto? **Si Dios es por nosotros, ¿quién contra nosotros?**» (Romanos 8:31).

Los ángeles están directamente implicados en esta promesa, ya que la Biblia nos dice:

«*El ángel de Jehová* **acampa alrededor de los que le temen** *Y los defiende*» (Salmos 34:7).

El temor de Dios es una de las características de los hijos de Dios. El principio de la sabiduría es el temor de Dios.

«***El principio de la sabiduría es el temor de Jehová****; Los insensatos desprecian la sabiduría y la enseñanza*» (Proverbios 1:7).

Al que tiene temor de Dios Él lo guarda y lo cuida. Cuando

conoces a Dios sabes lo que Él es, sabes cómo es Él; sabes lo que Él hizo por ti. En la vida con Cristo el alma está llena de las virtudes del Señor y una de ellas es el temor a Dios; un temor reverencial, porque *sabes* quién es Dios.

Algo que comúnmente olvidamos los cristianos es que Dios nos observa constantemente. Los cristianos debemos exhortarnos en el temor de Dios.

«*Someteos unos a otros* **en el temor de Dios**» (Efesios 5:21).

Dios te observa todo el tiempo, y cuando tu corazón anda en sus caminos, Él mostrará su poder a tu favor.

«***Porque los ojos de Jehová contemplan toda la tierra, para mostrar su poder a favor de los que tienen corazón perfecto para con él.*** Locamente has hecho en esto; porque de aquí en adelante habrá más guerra contra ti» (2 Crónicas 16:9).

La prioridad de un cristiano es agradar a Dios por sobre todas las cosas. El temor de Dios es el principio de la sabiduría, pero no es todo lo que comprende la sabiduría. Desde luego que tenemos que tener conocimiento de la Palabra de Dios, ahí está la sabiduría de Dios. Las personas con temor de Dios buscan alejarse del pecado, porque están conscientes de que el pecado fue la razón por la que Jesús tuvo que morir, el pecado es algo serio. Las cosas de Dios son serias, y los que han muerto por causa del pecado a través de la historia pueden confirmar esto. Un cristiano podría en ocasiones (por su descuido) caer en pecado, pero jamás será una persona atada al pecado, ya que tiene la simiente de Dios y no puede pecar.

«***El que practica el pecado es del diablo***, porque el diablo peca desde el principio. Para eso apareció el Hijo de Dios, para deshacer las obras del diablo. **Todo aquel que es nacido de Dios, no practica el pecado**, porque la simiente de Dios permanece en él; y no puede pecar, porque es nacido de Dios» (1 Juan 3:8-9).

Es importante aclarar que el ángel de Jehová acampa sobre los que le temen; esto implica que puede dejar de hacerlo. La mejor protección que un ser humano puede tener es su comunión con Dios, la obediencia a su Palabra y el temor de Dios. Éstos son factores determinantes en la vida de un cristiano; no obstante, como vimos antes, sin fe y sin arrepentimiento esa comunión es imposible.

Seguramente cada cristiano puede tener un testimonio de alguna ocasión en su vida en la que Dios le protegió de una situación de peligro. Les contaré una de las varias ocasiones en las que estoy seguro de que Dios intervino por medio de un ángel.

Al paso del tiempo he podido entender algunas situaciones en donde estuve en peligro y Dios intervino, pero hay una que tengo muy presente y que no la entendí hasta años después de que ocurrió, cuando Dios puso en mí el sentir de escribir este libro.

Soy instructor de manejo certificado en Estados Unidos por diferentes escuelas reconocidas y conozco el comportamiento de los vehículos a la perfección. He impartido innumerables cursos a muchas personas. En una ocasión, me trasladaba en mi vehículo a una cita donde seguramente estaría en peligro (aunque en el momento en que iba manejando no lo sabía). Iba conduciendo en condiciones normarles por una avenida amplia; pero de pronto —sin explicación alguna—, el auto se descontroló e impactó con unos postes que estaban en la orilla de la avenida, impidiendo así que el auto pudiera avanzar más. Busqué explicaciones lógicas y mi conclusión fue que el vehículo pasó por un área impregnada de diésel en el pavimento. Ésta podría ser una explicación lógica; sin embargo, nunca estuve convencido de ello.

Ahora sé que fue un ángel quien empujó el vehículo de una manera que no se pudiera controlar. Reconstruyendo el suceso deduzco que el ángel empujó el auto por la parte de atrás en la esquina del lado del copiloto. El empujón fue con fuerza y súbito, sin que me diera oportunidad de controlar el auto. Esto sucedió un poco antes de llegar al lugar de mi destino. Tan sólo Dios sabe qué pasaría en esa cita. Tan sólo Él tiene el conocimiento de cuántas veces Él ha utilizado sus ángeles para librarnos de situaciones de peligro.

Estoy seguro de que son innumerables las veces en que Dios ha enviado sus ángeles para intervenir de muchas formas y maneras —dependiendo de la situación de que se trate—, a fin de protegernos. De esta manera se cumple la promesa de dicta: «Si Dios contigo, ¿quién contra ti?».

El ángel protagonista de mi experiencia (quien empujó mi automóvil) reúne las características descritas en este libro: era invisible, tenía gran fuerza, podía volar y su misión fue proteger a un hijo de Dios.

El ángel de Jehová guarda tus caminos a donde quiera que vayas.

«Pues a sus ángeles mandará acerca de ti, Que te guarden en todos tus caminos» (Salmos 91:11).

Cuando Abraham envió a su criado Eliezer para que buscara una esposa para Isaac, Dios envió a un ángel para que Eliezer cumpliera su misión. Así, el criado cumplió su misión y todo salió bien. Dios manda un ángel delante de sus hijos.

> *«Jehová, Dios de los cielos, que me tomó de la casa de mi padre y de la tierra de mi parentela, y me habló y me juró, diciendo: A tu descendencia daré esta tierra;* **él enviará su ángel delante de ti, y tú traerás de allá mujer para mi hijo**» (Génesis 24:7).

No todos los seres humanos tienen un ángel que los cuide, tan sólo los que tienen temor de Dios (el principio de la sabiduría, un temor reverencial) son los que tienen este privilegio. Es necesario conocer a Dios, quien nos creó, y para conocerlo es necesario leer, meditar y escuchar su Palabra.

2.- Los ángeles ejecutan los juicios de Dios

Es Dios quien determina los juicios, pero los ángeles del cielo los ejecutan. Son los ángeles los que ejecutan los juicios que representan las siete trompetas y las siete copas de la ira de Dios.

> *«Oí una gran voz que decía desde el templo* **a los siete ángeles: Id y derramad sobre la tierra las siete copas de la ira de Dios**» (Apocalipsis 16:1).

Dios es un Dios soberano; y si creemos que lo es —como lo describe la Biblia—, también es soberano sobre la naturaleza. Por lo tanto, no es lógico pensar que Dios creó la naturaleza y no tiene control de ella. Hoy en día los medios de comunicación se expresan en estos términos: «La madre naturaleza se enojó», «la madre naturaleza provocó»; «la sabia madre naturaleza esto o aquello». ¡¿Cuál madre naturaleza?! Es Dios, quien nos muestra su poder para que nuestros sentidos se abran y le reconozcamos como el Dios de la Biblia, el Dios creador de todo lo que existe.

Tsunami en Japón

Acaso crees que Dios estaba descansando cuando ocurrió el tsunami de Japón, que un ángel vino y le dijo: «Señor, Señor, te tengo una noticia: hubo un tsunami en Japón». ¡No! Dios determinó este juicio a un país soberbio donde predicar la Palabra de Dios es dificultoso. Por lo tanto, este juicio es ejecutado por un ángel, probablemente el ángel de las aguas que menciona el Apocalipsis.

«*Y oí al ángel de las aguas*, que decía: Justo eres tú, oh Señor, el que eres y que eras, el Santo, porque has juzgado estas cosas» (Apocalipsis 16:5).

La Biblia dice que no cae un pajarillo del cielo sin que Dios lo permita, ¡cuánto más un tsunami!

«¿No se venden dos pajarillos por un cuarto? Con todo, **ni uno de ellos cae a tierra sin vuestro Padre**. Pues aun vuestros cabellos están todos contados. Así que, no temáis; más valéis vosotros que muchos pajarillos» (Mateo 10:29-31).

Juicio sobre Sodoma y Gomorra

Cuando Dios decidió traer juicio sobre Sodoma y Gomorra, por su perversión sexual para ponerlas de ejemplo al mundo entero y a las generaciones futuras, fueron los ángeles quienes ejecutaron tal juicio.

«Y dijeron los varones a Lot: ¿Tienes aquí alguno más? Yernos, y tus hijos y tus hijas, y todo lo que tienes en la ciudad, sácalo de este lugar; **porque vamos a destruir este lugar**, por cuanto el clamor contra ellos ha subido de punto delante de Jehová; por tanto, Jehová nos ha enviado para destruirlo» (Génesis 19:12-13).

Aquellos que habían vencido sobre la bestia y su imagen contaban el cántico de Moisés, y en su última parte hacen mención a los juicios de Dios, como haciendo referencia al juicio ejecutado por siete ángeles quienes tenían las siete plagas postreras.

«¿Quién no te temerá, oh Señor, y glorificará tu nombre? Pues sólo tú eres santo; por lo cual todas las naciones vendrán y te adorarán, **porque tus juicios se han manifestado**» (Apocalipsis 15:4).

El resultado de estudiar, escudriñar y meditar la Palabra de Dios es un mayor y más perfecto conocimiento de tu Creador. Esto te hace acercarte a su corazón, pues ahí están sus Palabras, y esto te ayuda a discernir el mundo espiritual.

La vida en el cuerpo es una preparación para la vida eterna, y para lo que harás en el cielo. La obediencia a la Palabra de Dios (ser un hacedor y no tan sólo un oidor), te capacita para pasar del ámbito natural al ámbito espiritual, ¿cómo te estas preparando para esto?

Un ángel ejecuta juicio a Israel en la época del rey David

Dios desató juicio sobre Israel en los tiempos del rey David, y fue enviado un ángel para ejecutarlo. Si leemos la historia, el ángel no terminó de ejecutar el juicio que Dios había determinado sobre Israel, debido a la intercesión que hizo el rey David (aquí vemos a David como rey y sacerdote, pues él intercedió por su pueblo. Esto cobra gran importancia al ver el tema de las promesas de Dios para la Iglesia en el futuro. Ten presente esto, pues tiene que ver con el propósito principal de este libro).

> «Y Jehová envió la peste sobre Israel desde la mañana hasta el tiempo señalado; y murieron del pueblo, desde Dan hasta Beerseba, setenta mil hombres. **Y cuando el ángel extendió su mano sobre Jerusalén para destruirla**, Jehová se arrepintió de aquel mal, **y dijo al ángel que destruía al pueblo**: Basta ahora; detén tu mano. Y el ángel de Jehová estaba junto a la era de Arauna jebuseo. Y David dijo a Jehová, **cuando vio al ángel que destruía al pueblo**: Yo pequé, yo hice la maldad; ¿qué hicieron estas ovejas? Te ruego que tu mano se vuelva contra mí, y contra la casa de mi padre» (2 Samuel 24:15-17).

3.- Dios tiene una advertencia para quien haga tropezar a un pequeño (un niño)

> «Y cualquiera que haga tropezar a alguno de estos pequeños que creen en mí, **mejor le fuera que se le colgase al cuello una piedra de molino de asno, y que se le hundiese en lo profundo del mar**... Mirad que no menospreciéis a uno de estos pequeños; porque os digo que **sus ángeles en los cielos ven siempre el rostro de mi Padre que está en los cielos**» (Mateo 18:6).

Dios ha puesto ángeles para observar lo que pasa con todos los niños que están sobre la tierra, porque dice Jesús que de los tales es el reino de los cielos.

Si alguna persona hace tropezar a un niño, Dios tiene para el o ella una fuerte advertencia: mejor le fuera morir ahogado con una piedra atada al cuello; esta es una advertencia dura, pero real. Ser piedra de tropiezo para otros realmente enfurece a Dios.

Imagínense lo que les espera a los sacerdotes que han violado niños por décadas, o a los pastores que engañan a las ovejas, ellos no tienen idea de lo que les espera (puede ver película *En primera plana (Spotlight)*, ganadora del Oscar a la mejor película en 2016).

4.- Un ángel puede acosar a tus enemigos

> «*Sean como el tamo delante del viento*, **Y el ángel de Jehová los**

*acose. Sea su camino tenebroso y resbaladizo, **Y el ángel de Jehová los persiga***» (Salmos 35:5-6).

«*Cuando los caminos del hombre* **son agradables a Jehová, Aun a sus enemigos hace estar en paz con él**» (Proverbios 16:7).

«*Cuando cayere tu enemigo,* **no te regocijes, Y cuando tropezare, no se alegre tu corazón**; *No sea que Jehová lo mire, y le desagrade,* **Y aparte de sobre él su enojo**» (Proverbios 24:17-18).

Dios trata con los enemigos de sus hijos (cuando ellos andan en obediencia al Señor).

<u>5.- Las almas de los muertos son llevadas al cielo por ángeles</u>

«*Aconteció que murió el mendigo,* **y fue llevado por los ángeles al seno de Abraham**; *y murió también el rico y fue sepultado*» (Lucas 16:22).

Cabe mencionar que algunas religiones dicen que esta parábola (la del rico y Lázaro) es tan sólo un cuento. Los testigos de Jehová es una de ellas; sin embargo, las parábolas son verdades celestiales que nos confirman leyes espirituales. No todas son hechos reales, pero hay algunas que sí lo son.

No sabemos si en realidad esta parábola corresponde a un hecho de la vida real; sin embargo, el hilo de la narración le coloca en cierto período histórico. Cuando Abraham le dice al rico, *Tus hermanos tienen a Moisés y a los profetas*, automáticamente coloca la narración en un tiempo histórico específico. Este es un argumento que deberían meditar los que sostienen que la historia del rico y Lázaro no fue real.

Si esta historia no corresponde a un hecho real, entonces es posible poner en duda la existencia de otros elementos mencionados en ella, tales como el dicho de Abraham, *tus hermanos tienen a Moisés y a los profetas*, y la existencia del seno de Abraham mismo.

Por cierto, la Biblia no dice que esta narración sea una parábola, no necesariamente todas las narraciones de Jesucristo deben de ser parábolas; en este caso el Señor tan sólo comienza a contar la historia, eso es todo. Asimismo, una de las características de las parábolas es que no se mencionan los nombres de las personas; sin embargo, en esta historia vemos mencionado el nombre de Lázaro.

6.- Los ángeles son mensajeros de Dios que revelan profecías importantes para la humanidad

Las profecías más importantes mencionadas en la Biblia fueron reveladas por ángeles a los seres humanos por instrucción de Dios. Todo el libro de Apocalipsis fue una revelación que Dios dio a Juan mediante un ángel; una revelación de gran importancia para la humanidad.

> «La revelación de Jesucristo, **que Dios le dio**, para manifestar a sus siervos las cosas que deben suceder pronto; y la declaró enviándola **por medio de su ángel a su siervo Juan**» (Apocalipsis 1:1).

Los canales que Dios usó para revelar el Apocalipsis fueron canales santos: Jesucristo → el ángel → Juan → siervos.

El que entiende y obedece lo que dice el libro de Apocalipsis es considerado por el ángel de la revelación un *consiervo*.

> «Pero él me dijo: Mira, no lo hagas; porque yo **soy consiervo tuyo**, de tus hermanos los profetas, **y de los que guardan las palabras de este libro**. Adora a Dios» (Apocalipsis 22:9).

¿Quieres ser consiervo de este ángel (quien fue siervo de Dios)? Entonces deberás obedecer (guardar) el libro de Apocalipsis. Seguramente alguna promesa importante Dios tendrá en el cielo para los que quieran saber la verdad del Apocalipsis y la obtengan. El libro del Apocalipsis es una gran revelación que llegó a los seres humanos por medio de un ángel de Dios.

La semana setenta de Daniel

La profecía que recibió Daniel de la semana setenta llegó luego de una guerra espiritual de niveles muy altos en la jerarquía angelical. Daniel oró fervientemente a Dios pidiendo perdón por sus propios pecados y por los de su pueblo. El ángel de Dios involucrado para llevar el mensaje de esta profecía fue Gabriel, pero teniendo éste gran lucha pidió la asistencia de Miguel, quien vino para ayudarle. Ellos lucharon contra satanás y los principados de Persia y Grecia, quienes trataron de detener a los ángeles de Dios para que el mensaje no llegara.

> «Entonces me dijo: Daniel, no temas; porque desde el primer día que dispusiste tu corazón a entender y a humillarte en la presencia de tu Dios, fueron oídas tus palabras; y a causa de tus palabras yo he venido. Mas el príncipe del reino de Persia se me opuso durante veintiún días; pero he aquí Miguel, uno de los principales príncipes, vino para ayudarme, y quedé allí con los reyes de Persia» (Daniel 10:12-13).

«Él me dijo: ¿Sabes por qué he venido a ti? Pues ahora tengo que volver para pelear contra el príncipe de Persia; y al terminar con él, el príncipe de Grecia vendrá» (Daniel 10:20).

Observaciones respecto a este pasaje:

1.- La oración desata guerras espirituales en las regiones celestes. Daniel oró y eso fue lo que pasó.
2.- Es agradable a Dios orar (con súplica y en ayuno) por el perdón de tus pecados y por los de tu iglesia. Daniel oró de esa manera.
3.- Así como Dios tiene asignados ángeles para los territorios de la tierra (p.ej. el arcángel Miguel para Israel), satanás tiene asignados príncipes para territorios (príncipe de Persia).
4.- Miguel fue asignado para la nación de Israel.

*«Pero yo te declararé lo que está escrito en el libro de la verdad; y ninguno me ayuda contra ellos, **sino Miguel vuestro príncipe»*** (Daniel 10:21).

*«En aquel tiempo se levantará Miguel, **el gran príncipe que está de parte de los hijos de tu pueblo**, y será tiempo de angustia, cual nunca fue desde que hubo gente hasta entonces; pero en aquel tiempo será liberado tu pueblo, todos los que se hallen escritos en el libro»* (Daniel 12:1).

A un cristiano debe interesarle entender esta profecía, ya que para que ésta llegara, hubo una lucha espiritual de jerarquías muy altas en las regiones celestes. Todo cristiano debería meditar en esto e interesarse por conocer la verdad de la profecía de la semana setenta.

Existen desde luego distintas interpretaciones; sin embargo, el deber del cristiano es conocer la voluntad de Dios revelada en su Palabra. Así que, ora a Dios, ponte en sus manos, y pide por sabiduría: que el Espíritu Santo te lleve a toda la verdad.

<u>7.- *Los ángeles protegen territorios en el mundo físico y en el mundo espiritual*</u>
Cuando Adán y Eva pecaron y fueron expulsados del paraíso, Dios designó a querubines (ángeles) para que resguardaran el camino al árbol de la vida. Hoy sabemos que el paraíso se encontraba dentro del territorio del actual Irak.

*«Echó, pues, fuera al hombre, **y puso al oriente del huerto de Edén querubines**, y una espada encendida que se revolvía por*

todos lados, para guardar el camino del árbol de la vida» (Génesis 3:24).

En el libro de Apocalipsis, Miguel pelea contra satanás y sus ángeles porque éste quería entrar al cielo, pero Miguel y sus ángeles guerreros no lo dejaron entrar.

«Después hubo una gran batalla en el cielo: **Miguel y sus ángeles luchaban contra el dragón***; y lucharon el dragón y sus ángeles;* **pero no prevalecieron, ni se halló ya lugar para ellos en el cielo***»* (Apocalipsis 12:7-8).

¿Crees que Dios protege tu casa con sus ángeles? ¡Seguro que sí! Si Dios está contigo, ¿Quién contra ti? Pero busca a Dios y sigue sus mandatos; témele con temor reverencial (cosa distinta al miedo; el miedo paraliza, pero el temor de Dios nos lleva a la acción).

<u>8.- Los ángeles fortalecieron a los profetas y al mismo Señor Jesucristo</u>
Cuando Jesucristo se encontraba en el monte de los Olivos, la noche que fue arrestado por el Sanedrín (el consejo de religiosos judíos), antes que ellos llegaran oró; y sabiendo lo que sucedería, sudaba como grandes gotas de sangre.

Si nosotros, cuando vamos al dentista para que nos extraigan una muela, estamos nerviosos, imagina lo que sufriría Jesús, sabiendo que lo crucificarían. Sabiendo de antemano que lo harían sufrir: que le darían muerte de la forma más despiada (pues el objetivo de todo el proceso ejecutorio era hacer sufrir a la víctima lo más posible). Jesucristo sabía el proceso, es por eso que dice a su Padre:

«Padre, si quieres, pasa de mí esta copa; **pero no se haga mi voluntad, sino la tuya***»* (Lucas 22:42).

En esos momentos apareció un ángel enviado por Dios para fortalecerle.

«*Y se le apareció un ángel del cielo para fortalecerle*» (Lucas 22:43).

Jesucristo pide al Padre en oración que, si era posible, le evitara el sufrimiento. Dios no accede por amor a nosotros, pues nos amó **de tal manera** que dio a su único hijo; así es que, con dolor indescriptible, niega la petición de Jesús. De esta manera, Jesucristo se sujeta a la voluntad del Padre y dice: «Que se haga tu voluntad». La muerte de Cristo en la cruz era necesaria para la remisión de nuestros pecados; no obstante, Dios mandó a un ángel para fortalecerle.

Jesucristo sentía como cualquier otra persona siente. Sus cinco sentidos eran tan reales como los nuestros, y como cualquier otro ser humano, sintió todo lo que le hicieron.

¡Por esta razón, debemos amarlo con todas nuestras fuerzas, con todo nuestro entendimiento y con toda nuestra mente! Porque Dios se hizo hombre, habitó entre nosotros y murió por la humanidad, para salvarla. Nuestra carrera cristiana es semejante: pasamos por situaciones adversas y dolorosas, pero la promesa de Dios es acompañarnos y fortalecernos durante las pruebas; Él siempre está a nuestro lado, tal y como lo estuvo con Jesús. Es necesario pasar por pruebas, pues éstas fortalecen nuestra fe; pero claro, nada de lo que nosotros padezcamos se podrá comparar con lo que Jesucristo padeció.

Otra ocasión en donde Jesucristo fue asistido por ángeles fue luego de ser tentado en el desierto.

«El diablo entonces le dejó; y **he aquí vinieron ángeles y le servían**» (Mateo 4:11).

Un ángel fortaleció a Daniel:

«¿Cómo, pues, podrá el siervo de mi señor hablar con mi señor? Porque al instante me faltó la fuerza, y no me quedó aliento. **Y aquel que tenía semejanza de hombre me tocó otra vez, y me fortaleció**» (Daniel 10:17-18).

Elías fue fortalecido por un ángel:

«Y él se fue por el desierto un día de camino, y vino y se sentó debajo de un enebro; y deseando morirse, dijo: Basta ya, oh Jehová, quítame la vida, pues no soy yo mejor que mis padres. Y echándose debajo del enebro, se quedó dormido; **y he aquí luego un ángel le tocó, y le dijo: Levántate, come**. Entonces él miró, y he aquí a su cabecera una torta cocida sobre las ascuas, y una vasija de agua; y comió y bebió, y volvió a dormirse. **Y volviendo el ángel de Jehová la segunda vez, lo tocó**, diciendo: Levántate y come, porque largo camino te resta. Se levantó, pues, y comió y bebió; **y fortalecido con aquella comida** caminó cuarenta días y cuarenta noches hasta Horeb, el monte de Dios» (1 Reyes 19:4-8).

9.- Un ángel sacó de la tierra de Egipto al pueblo de Israel

«**Y el ángel de Dios que iba delante del campamento de Israel**, se apartó e iba en pos de ellos; y asimismo la columna de *nube que iba delante de ellos se apartó y se puso a sus espaldas»* (Éxodo 14:19).

«Ve, pues, ahora, lleva a este pueblo a donde te he dicho; **he aquí mi ángel irá delante de ti**; *pero en el día del castigo, yo castigaré en ellos su pecado»* (Éxodo 32:34).

«*Y clamamos a Jehová, el cual oyó nuestra voz,* **y envió un ángel, y nos sacó de Egipto**; *y he aquí estamos en Cades, ciudad cercana a tus fronteras»* (Números 20:16).

10.- Ángeles entregan la ley a Moisés

«*Este es aquel Moisés que estuvo en la congregación* **en el desierto con el ángel que le hablaba en el monte Sinaí**, *y con nuestros padres, y que recibió palabras de vida para darnos»* (Hechos 7:38).

«*Entonces, ¿para qué sirve la ley? Fue añadida a causa de las trasgresiones, hasta que viniese la simiente a quien fue hecha la promesa;* **y fue ordenada por medio de ángeles en mano de un mediador**» (Gálatas 3:19)

«**Porque si la palabra dicha por medio de los ángeles fue firme**, *y toda transgresión y desobediencia recibió justa retribución»* (Hebreos 2:2).

11.- Un ángel habla con Gedeón y lo instruye para la guerra

«**Y vino el ángel de Jehová**, *y se sentó debajo de la encina que está en Ofra, la cual era de Joás abiezerita; y su hijo Gedeón estaba sacudiendo el trigo en el lagar, para esconderlo de los madianitas.* **Y el ángel de Jehová se le apareció, y le dijo: Jehová está contigo, varón esforzado y valiente**» (Jueces 6:11-12).

12.- Un ángel protege a Agar

Un ángel protegió a Agar, la madre de Ismael; él le llevó un mensaje de Dios que, hasta hoy, luego de miles de años, sigue cumpliéndose.

«*Y la halló el ángel de Jehová junto a una fuente de agua en el desierto, junto a la fuente que está en el camino de Shur. Y le dijo: Agar, sierva de Sarai, ¿de dónde vienes tú, y a dónde vas? Y ella respondió: Huyo de delante de Sarai mi señora.* **Y le dijo el ángel de Jehová**: *Vuélvete a tu señora, y ponte sumisa bajo su mano.* **Y le dijo también el ángel de Jehová**: *Multiplicaré tanto tu* descendencia, que no podrá ser contada a causa de la multitud. **Además le dijo el ángel de Jehová:** He aquí que has concedido, y darás a luz un hijo, y llamarás su nombre Ismael, porque Jehová ha oído tu aflicción. Y él será hombre fiero; su mano será contra todos, y la mano de todos contra él, y delante de todos sus hermanos habitará» (Génesis 16:7-12).

Los ángeles y sus misiones en el libro de los Hechos

El inicio de la Iglesia

Dios habló en el Antiguo Testamento. Habló con Adán, Abraham y Moisés; luego vino la obra de su Hijo Jesucristo, quien por treinta y tres años estuvo con nosotros en la tierra. Luego de esto el Señor Jesús ascendió a la diestra de Dios Padre; sin embargo, antes de su ascenso dijo: «No os dejaré huérfanos».

«Y yo rogaré al Padre, **y os dará otro Consolador**, para que esté con vosotros para siempre: **el Espíritu de verdad**, al cual el mundo no puede recibir, porque no le ve, ni le conoce; pero vosotros le conocéis, porque mora con vosotros, y estará en vosotros. **No os dejaré huérfanos**, vendré a vosotros» (Juan 14:16-18).

La era de la Iglesia lleva casi 2,000 años, e inició al derramarse el Espíritu Santo en el aposento alto mencionado en el libro de los Hechos capítulo 2. Después de esto, los discípulos predicaron la Palabra de Dios en muchos lugares hasta su muerte, y según la tradición, todos ellos fueron muertos en el martirio, excepto el apóstol Juan, escritor del libro de Apocalipsis (aprox. en el año 90 d.C., cincuenta años después de la ascensión de Jesucristo). El Espíritu Santo tiene la vital función de preparar a la Iglesia para su encuentro con Jesucristo, quien la llevará a las bodas del Cordero.

Los ángeles en el libro de los Hechos

Por decreto de Dios, en el nombre del Señor Jesucristo y bajo el poder del Espíritu Santo, los ángeles acompañaron a los discípulos en su gran comisión de predicar el evangelio a toda criatura hasta los confines de la tierra. Ellos intervinieron en situaciones claves a favor de ellos para cumplir su propósito. Así fue como comenzó la era de la Iglesia.

El libro de los Hechos describe aspectos generales de lo ocurrido en el cumplimiento de esta trascendental misión de los discípulos escogidos por Jesucristo. No obstante, la misión no fue tan sólo una orden para ellos, sino que sigue vigente para cada uno de los cristianos en la actualidad (los que componen la Iglesia de Dios en el mundo). La intervención angelical fue muy importante para que el evangelio fuera predicado. Ahora haremos un recorrido por el libro de los Hechos, y observaremos cómo los seres celestiales intervinieron en situaciones claves e hicieron manifiestas las características propias de su naturaleza (las mencionadas en el capítulo anterior).

1.- Un ángel abrió la puerta de la cárcel para que el evangelio siguiera anunciándose

> «Entonces levantándose el sumo sacerdote y todos los que estaban con él, esto es, la secta de los saduceos, se llenaron de celos; y echaron mano a los apóstoles y los pusieron en la cárcel pública. **Mas un ángel del Señor, abriendo de noche las puertas de la cárcel y sacándolos**, dijo: Id, y puesto en pie en el templo, anunciad al pueblo todas las palabras de esta vida» (Hechos 5:17-20).

2.- Un ángel del Señor envió a Felipe con el judío etíope para anunciarle el evangelio y bautizarlo

> «**Un ángel del Señor habló a Felipe, diciendo: Levántate y ve hacia el sur, por el camino que desciende de Jerusalén a Gaza, el cual es desierto**» (Hechos 8:26).

3.- Un ángel apareció a Cornelio

Cornelio era un centurión romano, es decir, el líder de una unidad militar formada por ochenta hombres. De éste se da testimonio que era un varón justo y temeroso de Dios. Cornelio fue el primer gentil registrado en la Biblia que se convirtió al evangelio (tanto él como su familia).

> «Había en Cesarea un hombre llamado Cornelio, centurión de la compañía llamada la Italiana, piadoso y temeroso de Dios con toda su casa, y que hacía muchas limosnas al pueblo, y oraba a Dios siempre. **Este vio claramente en una visión, como a la hora novena del día, que un ángel de Dios entraba donde él estaba, y le decía: Cornelio**. Él mirándolo fijamente, y atemorizado, dijo: ¿Qué es, Señor? Y le dijo: Tus oraciones y tus limosnas han subido para memoria delante de Dios» (Hechos 10:1-4).

4.- Un ángel sacó a Pedro de la cárcel y lo libró de la muerte que planeó Herodes

«***Y he aquí que se presentó un ángel del Señor, y una luz resplandeció en la cárcel***; y tocando a Pedro en el costado, le despertó, diciendo: Levántate pronto. ***Y las cadenas se le cayeron de las manos. Le dijo el ángel***: Cíñete, y átate las sandalias. Y lo hizo así. Y le dijo: Envuélvete en tu manto, y sígueme. Y saliendo, le seguía; **pero no sabía que era verdad lo que hacía el ángel, sino que pensaba que veía una visión**. Habiendo pasado la primera y la segunda guardia, llegaron a la puerta de hierro que daba a la ciudad, **la cual se les abrió por sí misma**; y salidos, pasaron una calle, y ***luego el ángel se apartó de él***» (Hechos 12:7-10).

5.- Un ángel hirió a Herodes

«Y un día señalado, Herodes, vestido de ropas reales, se sentó en el tribunal y les arengó. Y el pueblo aclamaba gritando: ¡Voz de Dios, y no de hombre! **Al momento un ángel del Señor le hirió, por cuanto no dio la gloria a Dios; y expiró comido de gusanos**. Pero la palabra del Señor crecía y se multiplicaba» (Hechos 12:21-24).

Los ángeles pueden matar a una persona, y en el pasaje anterior podemos ver una prueba de ello.

6.- Un ángel se le apareció a Pablo para exhortarlo y avisarle de su encuentro con el César

«Pero ahora os exhorto a tener buen ánimo, pues no habrá ninguna pérdida de vida entre vosotros, sino solamente de la nave. **Porque esta noche ha estado conmigo el ángel de Dios de quien soy y a quien siervo**, diciendo: Pablo, no temas; es necesario que compadezcas ante César; y he aquí, Dios te ha concedido todos los que navegan contigo. Por tanto, oh varones, tened buen ánimo; porque yo confío en Dios que será así como se me ha dicho» (Hechos 27:22-25).

Los ángeles jugaron un rol muy importante en el desarrollo de la misión de la Iglesia del primer siglo, y esto se registra en el libro de los Hechos. Esto es para la Iglesia de hoy un modelo a seguir; la operación de los ángeles continúa.

Los ángeles llevaron importantes mensajes a algunas personas claves en los evangelios

Observamos en los evangelios la operación de los ángeles de Dios dando anuncios sumamente importantes y claves para el avance del plan de Dios para la humanidad. Los ángeles son espíritus ministradores, enviados para servicio a favor de los que serán herederos de la salvación. En este capítulo veremos más a detalle cada una de las intervenciones angelicales registradas en los evangelios.

1.- El nacimiento de Juan

El ángel Gabriel anunció el nacimiento de Juan el bautista a su padre, Zacarías.

«**Y se le apareció un ángel del Señor puesto en pie a la derecha del altar del incienso**. Y se turbó Zacarías al verle, y le sobrecogió temor. **Pero el ángel le dijo**: Zacarías, no temas; porque tu oración ha sido oída, y tu mujer Elisabet te dará a luz un hijo, y llamarás su nombre Juan. Y tendrás gozo y alegría, y muchos se regocijarán de su nacimiento; **porque será grande delante de Dios**. No beberá vino ni sidra, **y será lleno del Espíritu Santo**, aun desde el vientre de su madre. Y hará que muchos de los hijos de Israel se conviertan al Señor Dios de ellos. **E irá delante de él con el espíritu y el poder de Elías**, para hacer volver los corazones de los padres a los hijos, y de los rebeldes a la prudencia de los justos, para preparar al Señor un pueblo bien dispuesto. **Dijo Zacarías al ángel**: ¿En qué conoceré esto? Porque yo soy viejo, y mi mujer es de edad avanzada. **Respondiendo el ángel**, le dijo: **Yo soy Gabriel, que estoy delante de Dios**; y he sido enviado a hablarte, y darte estas buenas nuevas» (Lucas 1:11-19).

El ángel Gabriel es mencionado también en el libro de Daniel dando un importante mensaje al profeta; un mensaje profético muy importante.

2.- El ángel Gabriel anunció a María que ella daría a luz a Jesús

«**Al sexto mes el ángel Gabriel fue enviado por Dios** a una ciudad de Galilea, llamada Nazaret, a una virgen desposada con un varón que se llamaba José, de la casa de David; y el nombre de la virgen era María» (Lucas 1:26-17).

3.- Un ángel del Señor se apareció en sueños a José
Nos dice la Biblia que José estaba comprometido en matrimonio con María. Pero enterándose de que ella estaba embarazada, puesto que era justo, no quiso divulgar el hecho; y mientras meditaba en el asunto, se le apareció un ángel del Señor.

> «José su marido, como era justo, y no quería infamarla, quiso dejarla secretamente. Y pensando él en esto, **he aquí un ángel del Señor le apareció en sueños y le dijo**: José, hijo de David, no temas recibir a María tu mujer, porque lo que en ella es engendrado del Espíritu Santo es. Y dará a luz un hijo, y llamarás su nombre JESÚS, porque él salvará a su pueblo de sus pecados» (Mateo 1:19-21).

4.- Un ángel apareció en sueños a José para decirle que se mudara a otro país
Dios utilizó a un ángel para advertir a José respecto al peligro que el bebé Jesús corría si se quedaba en Nazaret, y le ordena que se vaya a Egipto, un país vecino. Luego, estando en Egipto, le vuelve a aparecer en sueños para ordenarle que regrese a la tierra de Israel.

> «Pero después de muerto Herodes, **he aquí un ángel del Señor apareció en sueños a José en Egipto**, diciendo: Levántate, toma al niño y a su madre, y vete a tierra de Israel, porque han muerto los que procuraban la muerte del niño» (Mateo 2:19-20).

5.- Un ángel avisó a las mujeres que Jesucristo había resucitado

> «**Mas el ángel**, respondiendo, dijo a las mujeres: No temáis vosotras; porque yo sé que buscáis a Jesús, el que fue crucificado. **No está aquí, pues ha resucitado**, como dijo. Venid, ved el lugar donde fue puesto el Señor» (Mateo 28:5-6).

Los ángeles y sus jerarquías
Vemos en las Escrituras que los ángeles se clasifican respecto a sus responsabilidades, capacidades y misiones en distintos grados. En un contexto organizacional los ángeles están jerarquizados y tienen grados de autoridad y potencia. Veamos.

1.- Los serafines
El significado de la palabra *serafín* proviene del hebreo «*lizrof*» que significa *arder*. Por lo tanto, los serafines son seres ardientes y tienen el nivel más elevado en la jerarquía angelical.

Los serafines rodean el trono de Dios; ellos tienen la función de alabar a Dios, de comunicar al universo entero la identidad de un Dios eterno y Todopoderoso. ¿Cuál es la identidad de Dios? Su santidad, pues estos seres declaran constantemente: santo, santo, santo.

Dios mostró al profeta Isaías una majestuosa visión de los serafines. Él tuvo el privilegio de ver con sus propios ojos los seres angelicales de más alto rango que existen; éstos son los que están más cerca del trono de Dios.

«En el año que murió el rey Uzías vi yo al Señor sentado sobre un trono alto y sublime, y sus faldas llenaban el templo. **Por encima de él había serafines; cada uno tenía seis alas; con dos cubrían sus rostros, con dos cubrían sus pies, y con dos volaban***. Y el uno al otro daba voces,* **diciendo: Santo, santo, santo, Jehová de los ejércitos; toda la tierra está llena de su gloria***. Y los quiciales de las puertas se estremecieron con la voz del que clamaba, y la casa se llenó de humo. Entonces dije: ¡Ay de mí! que soy muerto; porque siendo hombre inmundo de labios, y habitando en medio de un pueblo que tiene labios inmundos, han visto mis ojos al Rey, Jehová de los ejércitos.* **Y voló hacia mí uno de los serafines***, teniendo en su mano un carbón encendido, tomado del altar con unas tenazas; y tocando con él sobre mi boca, dijo: He aquí que esto tocó tus labios, y es quitada tu culpa, y limpio tu pecado. Después oí la voz del Señor, que decía: ¿A quién enviaré, y quién irá por nosotros? Entonces respondí yo: Heme aquí, envíame a mí»* (Isaías 6:1-8).

¿Dónde estaba el Señor? En el trono. Isaías recibió su llamado en un encuentro maravilloso en presencia del Señor mismo, y de los serafines, creaturas suyas, los ángeles de mayor jerarquía en el cielo.

Isaías también, confesando su condición pecadora, tuvo contacto con uno de estos seres, quien, tomando un carbón encendido del altar, purificó sus labios; y la santidad que Isaías recibió le hizo apto para llevar el mensaje de Dios a su pueblo.

El aspecto de los serafines es bastante singular: poseen tres pares de alas, cada par tiene un propósito diferente. Su declaración estremece todo el universo: «*Santo, santo, santo, Jehová de los ejércitos; toda la tierra está llena de su gloria*».

2.- Los querubines

Los querubines tienen un grado inferior a los serafines. El nombre de querubín significa «muy cercano» o «muy próximo»; esto se refiere a que estos ángeles están muy cercanos a Dios (aunque no tan cercanos como los serafines).

De esta manera, los querubines aparecen en la Biblia siempre muy cerca de Dios. Por esta razón, cuando Dios manda a Moisés que haga el arca del pacto, ordena que se coloquen figuras de querubines a los lados de ella. El arca del pacto o de la alianza era símbolo de la presencia de Dios, y de ahí hablaba Dios con Moisés.

> «**Harás también dos querubines de oro; labrados a martillo los harás en los dos extremos del propiciatorio. Harás, pues, un querubín en un extremo, y un querubín en el otro extremo**, de una pieza con el propiciatorio harás los querubines en sus dos extremos. **Y los querubines extenderán por encima las alas, cubriendo con sus alas el propiciatorio**, sus rostros el uno enfrente del otro, mirando al propiciatorio **los rostros de los querubines**. Y pondrás el propiciatorio encima del arca, y en el arca pondrás el testimonio que yo te daré. Y de allí me declararé a ti, y hablaré contigo de sobre el propiciatorio, **de entre los dos querubines que están sobre el arca del testimonio**, todo lo que yo te mandare para los hijos de Israel» (Éxodo 25:18-22).

Dos querubines adornaban el objeto más sagrado de la historia del mundo entero: el arca de la alianza, hecha de madera de acacia y cubierta con oro puro. Cuando Moisés quería hablar con Dios, él iba al propiciatorio, en donde estaba el arca. Este objeto es el más sagrado para el pueblo judío, pues era tipo de la comunicación directa con Dios.

Esta arca desapareció en tiempos del profeta Jeremías y no ha sido jamás hallada; y aunque algunos insisten en que existe y que le han hallado, sus declaraciones son falsas, el arca no será encontrada jamás, porque sirvió para un propósito específico en el tiempo antiguo y Dios la ha quitado de en medio para dar paso a lo real, al *nuevo pacto*.

> «*Hizo asimismo el propiciatorio de oro puro; su longitud de dos codos y medio, y su anchura de codo y medio.* **Hizo también los dos querubines de oro, labrados a martillo, en los dos extremos del propiciatorio. Un querubín a un extremo, y otro querubín al otro extremo; de una pieza con el propiciatorio hizo los querubines a sus dos extremos. Y los querubines extendían sus alas por encima, cubriendo con sus alas el propiciatorio; y sus rostros el uno enfrente del otro miraban hacia el propiciatorio*» (Éxodo 37:6-9).

Por primera vez puede observarse que Dios ordena la fabricación de figuras (en este caso, figuras labradas con martillo); es así necesario hacer una aclaración al respecto, ya que este hecho podría servir de base para quienes adoran o veneran imágenes o bien, fabrican imágenes con fines religiosos.

Siendo que Dios prohibió que se hicieran imágenes de cualquier cosa, ya fuera del cielo o de la tierra o debajo de la tierra, la orden que Él mismo dio a Moisés de fabricar estos querubines parecería ser una contradicción.

«*No tendrás dioses ajenos delante de mí.* **No te harás imagen, ni ninguna semejanza de lo que esté arriba en el cielo, ni abajo en la tierra, ni en las aguas debajo de la tierra. No te inclinarás a ellas, ni las honrarás**; *porque yo soy Jehová tu Dios, fuerte, celoso, que visito la maldad de los padres sobre los hijos hasta la tercera y cuarta generación de los que me aborrecen, y hago misericordia a millares, a los que me aman, y guardan mis mandamientos*» (Éxodo 20:3-6).

Entonces, ¿por qué Dios manda hacer estas imágenes? ¿por qué en el caso de los querubines para el propiciatorio sí es permitido?

En primer lugar, Dios ordenó que ninguno de nosotros se inclinara a alguna imagen: «*No te inclinarás a ellas, ni las honrarás*», es decir, no las adorarás ni las venerarás. En segundo lugar, la hechura de todos los objetos del santuario y del tabernáculo son figuras del nuevo pacto, del sacrificio perfecto de Jesús y de la vida cristiana ahora, es decir, tiene un simbolismo espiritual (Hebreos 8:5).

El profeta Ezequiel es quien más menciona a los querubines, pues Dios le dio visiones en donde ellos son mencionados con frecuencia (p. ej. Ezequiel 1:4-28):

«*Y miré, y he aquí venía del norte un viento tempestuoso, y una gran nube, con un fuego envolvente, y alrededor de él un resplandor, y en medio del fuego algo que parecía como bronce refulgente,* **y en medio de ella la figura de cuatro seres vivientes**. *Y esta era su apariencia:* **había en ellos semejanza de hombre**. *Cada uno tenía cuatro caras y cuatro alas. Y los pies de ellos eran derechos, y la planta de sus pues como planta de pie de becerro; y centelleaban a manera de bronce muy bruñido. Debajo de sus alas, a sus cuatro lados, tenían manos de hombre; y sus caras y sus alas por los cuatro lados. Con las alas se juntaban el uno al otro. No se volvían cuando* *andaban, sino que cada uno caminaba derecho hacia adelante. Y el aspecto de sus caras era cara de hombre, y cara de león al lado derecho de los cuatro y cara de buey a la izquierda en los cuatro; asimismo había en los cuatro cara de águila. Así eran sus caras... Como parece el arco iris que está en las nubes el día que llueve, así era el parecer del resplandor alrededor. Esta fue la visión de la semejanza de la gloria de Jehová. Y cuando yo la vi, me postré sobre mi rostro, y oí la voz de uno que hablaba».*

De este pasaje descubrimos que los serafines son seres extraños en su composición:

⇒ Tienen cuatro caras.
⇒ Tienen pies derechos.
⇒ No necesitan volar.
⇒ Tienen ojos por todos lados.

Estos querubines vuelven a mencionarse en el libro de Apocalipsis; un libro que quien lo lee, lo entiende y lo guarda, es bienaventurado.

«**Bienaventurado el que lee, y los que oyen** las palabras de esta profecía, **y guardan las cosas en ella escritas**, porque el tiempo está cerca» (Apocalipsis 1:3).

Algunos cristianos evitan leer el libro de Apocalipsis porque describe los juicios y la ira de Dios sobre la tierra, y esto les hace tener una sensación de miedo; no obstante, el propósito de este libro no es ese.

Dios es claro en su Palabra cuando dice que es bienaventurado el que entiende y obedece las palabras de este libro (Apocalipsis 1:3). Para guardar u obedecer las palabras contenidas en el libro de Apocalipsis hay que entenderlas primero; y para entenderlas tenemos que estudiarlas pidiendo a Dios sabiduría.

El Apocalipsis describe a Jesucristo resucitado y glorificado en las alturas y muestra su dominio sobre estos seres vivientes, seres celestiales, estos ángeles de Dios denominados *querubines*.

Cuando el Mesías resucitó dijo:

«***Toda potestad me es dada en el cielo y en la tierra***» (Mateo 28:18).

Los ángeles no sólo se someten a Dios Padre, sino también al Hijo.

Los querubines son llamados *seres vivientes* en el Apocalipsis.

«***El primer ser viviente era semejante a un león; el segundo era semejante a un becerro; el tercero tenía rostro como de*** *hombre; y el cuatro era semejante a un águila volando. Y los cuatro seres vivientes tenían cada uno seis alas, y alrededor y por dentro estaban llenos de ojos; y no cesaban día y noche de decir: Santo, santo, santo es el Señor Dios Todopoderoso, el que era, el que es, y el que ha de venir. Y siempre que aquellos seres vivientes dan gloria y honra y acción de gracias al que está sentado en el trono, al que vive por los siglos de los siglos»* (Apocalipsis 4:7-9).

Los querubines **vuelven a aparecer en el Apocalipsis, muy cercanos** al trono de Dios y tienen cuatro caras. Comprender lo maravilloso que es el cielo, lugar a donde los hijos de Dios iremos después de la resurrección, es imposible ahora. Si en la tierra experimentamos cosas maravillosas como disfrutar de los hijos, las cosas que existen en la naturaleza, y el sentir la presencia y amor de Dios, no podemos siquiera imaginar lo que veremos en el cielo. Lo que veremos allá no tiene comparativo con el mundo visible de hoy; y las promesas de Dios son la esperanza gloriosa de todo cristiano.

Dios creó todas las cosas, y por su voluntad existen. Así también Dios ha querido prepararnos algo mucho mejor de lo que disfrutamos ahora en la tierra estando en Cristo. Pablo fue arrebatado al tercer cielo y vio cosas inefables, es decir, que no pueden ser expresadas por ningún ser humano. No existen palabras en la tierra para describir el cielo, la Biblia nos revela algunos destellos, pero la revelación de cómo es ese fascinante lugar, está muy lejos de ser completa.

Una cosa es leer el libro de Apocalipsis, otra es estudiarlo y otra es imaginarlo; pero lo más maravilloso será cuando estemos ahí, lanzando las coronas al estrado del trono de Dios.

Por otro lado, mientras todo será alegría y voces de victoria para los cristianos fieles, muchos otros serán lanzados al tormento eterno por no obedecer al único Dios vivo, real, poderoso y soberano, ahí será el lloro y el crujir de dientes.

Todos los que hemos recibido en nuestros corazones al Señor Jesús, le servimos, lo amamos con todo nuestro ser, y lo seguimos, seremos recibidos con una cena de gala; y Él personalmente vendrá a servirnos.

«Bienaventurados aquellos siervos a los cuales su señor, cuando venga, halle velando; de cierto os digo que se ceñirá, **y hará que se sienten a la mesa, y vendrá a servirles»** (Lucas 12:37).

¡¿Puedes imaginar eso, que el mismísimo Señor Jesús venga a servirnos en las bodas del Cordero?! Esto no tiene comparación con nada de lo que puedas vivir en este mundo pasajero. No obstante, por el otro lado, los que no se hallaron inscritos en el libro de la vida irán a vergüenza eterna, a tormento eterno, a sufrir por toda la eternidad.

*«El que venciere será vestido de vestiduras blancas; **y no borraré su nombre del libro de la vida**, y confesaré su nombre delante de mi Padre, **y delante de sus ángeles**»* (Apocalipsis 3:5).

*«Y el que no se halló inscrito en el libro de la vida **fue lanzado al lago de fuego**»* (Apocalipsis 20:15).

*«Y los echarán en el horno de fuego; **allí será el lloro y el crujir de dientes**»* (Mateo 13:42).

Veamos la escena: nosotros con Jesucristo, en una gran cena con nuestro cuerpo transformado en gloria, y los que no se hallaron inscritos en el libro de la vida atormentados en el infierno.

Dice el Apocalipsis: «Estas palabras son fieles y verdaderas».

*«Y el que estaba sentado en el trono dijo: He aquí, yo hago nuevas todas las cosas. Y me dijo: Escribe; **porque estas palabras son fieles y verdaderas**»* (Apocalipsis 21:5).

***«Y me dijo: Estas palabras son fieles y verdaderas. Y el Señor, el Dios de los espíritus de los profetas, ha enviado su ángel**, para mostrar a sus siervos las cosas que deben suceder pronto»* (Apocalipsis 22:6).

El capítulo 4 de Apocalipsis es una descripción de una escena maravillosa en el cielo, donde se encuentran los siete espíritus de Dios.

*«Y del trono salían relámpagos y truenos y voces; y delante del trono ardían siete lámparas de fuego, **las cuales son los siete espíritus de Dios**»* (Apocalipsis 4:5).

¿Cuáles son estos siete espíritus?

*«Saldrá una vara del tronco de Isaí, y un vástago retoñará de sus raíces. Y reposará sobre él el **Espíritu de Jehová; espíritu de sabiduría y de inteligencia, espíritu de consejo y de poder, espíritu de conocimiento y de temor de Jehová**»* (Isaías 11:1-2).

En la descripción que hace Juan en el capítulo 4 aparecen veinticuatro ancianos para representar a la Iglesia. ¿Por qué representan a la Iglesia? Porque tienen coronas en sus cabezas. ¿Quiénes podrían ser estos ancianos?

La Biblia no revela este dato. Podrían ser los apóstoles y los patriarcas o bien siervos del Señor que a lo largo de la historia se han ganado ese lugar... no lo sabemos. Estos serán veinticuatro hombres de Dios que tendrán el privilegio de sentarse cerca del trono de Dios. Ellos no representan a los ángeles, ni a ningún reino presente en la naturaleza, más bien, **representan a la Iglesia redimida por la sangre de Cristo.**

¿Qué representan los cuatro seres vivientes con diferentes caras en Apocalipsis 4? **Los cuatro evangelios:**

1.- El primer ser viviente con cara de león representa el evangelio de Mateo.
Mateo fue escrito para los judíos, ya que, si hay un evangelio que describe a Jesús como el Mesías judío es el evangelio de Mateo.

Mateo presenta al Mesías como el León de la tribu de Judá, el Mesías Rey. El Rey, el León que conquista la nación y las naciones y las gobierna; es presentado como el Rey de reyes. Mateo presenta a Jesús como el *Rey de Israel* (El León de Judá).

2.- El segundo ser viviente con cara de becerro representa el evangelio de Marcos.
El tema central del evangelio de Marcos es presentar a Jesucristo como la ofrenda perfecta.

3.- El tercer ser viviente con cara de humano representa el evangelio de Lucas.
Lucas presenta el lado humano de Jesús, del Mesías. Le presenta como el hombre perfecto, quien jamás pecó, que nunca mintió ni engañó. Tal y como lo dice también el libro de Isaías.

> «***Despreciado y desechado entre los hombres***, *varón de dolores, experimentado en quebranto; y como que escondimos de él el rostro, fue menospreciado, y no lo estimamos.* **Ciertamente llevó él nuestras enfermedades, y sufrió nuestros dolores**; *y nosotros le tuvimos por azotado, por herido de Dios y abatido.* **Mas él herido fue por nuestras rebeliones, molido por nuestros pecados**; *el castigo de nuestra paz fue sobre él, y por su llaga fuimos nosotros curados. Todos nosotros nos descarriamos como ovejas, cada cual se apartó por su camino;* **mas Jehová cargó en él el pecado de todos nosotros. Angustiado él, y afligido, no abrió su boca; como cordero fue llevado al matadero**, *y como oveja delante de sus trasquiladores, enmudeció, y no abrió su boca*» (Isaías 53:3-7).

En la boca de Jesús nunca hubo engaño ni jamás hizo maldad.

4.- El cuarto ser viviente con cara de águila representa el evangelio de Juan.
¿Qué presenta el evangelio de Juan como su tema central?
- × No presenta a Jesús como rey.
- × No presenta a Jesús como la ofrenda perfecta.
- × No presenta a Jesús como el hombre perfecto.
- ⇒ El tema central del evangelio de Juan es presentar a Jesús como Dios.

No es casualidad que el Génesis comience diciendo, *En el principio...* y Juan comience su libro de la misma manera.

«**En el principio creó Dios** los cielos y la tierra» (Génesis 1:1).

«**En el principio era el Verbo**, y el Verbo era con Dios, y el Verbo era Dios. Este era en el principio con Dios» (Juan 1:1-2).

¿Quién es el Verbo? El Verbo es Jesucristo. Jesucristo es Dios y Creador junto con el Padre.

Repasemos los seres vivientes en forma esquemática:
- ◊ Cara de león → evangelio de Mateo → León de Judá.
- ◊ Cara de becerro → evangelio de Marcos → Ofrenda perfecta.
- ◊ Cara de hombre → evangelio de Lucas → Dios se hace hombre.
- ◊ Cara de águila → evangelio de Juan → el Verbo, Creador de todas las cosas.

El quinto querubín

Todo parece indicar que Dios no creó tan sólo cuatro querubines, aunque en esta cita tan sólo aparecen cuatro, ¿a qué me refiero con esto? A que falta un querubín, el quinto querubín, ¿cuál es este querubín faltante?

Éste fue un querubín creado con dotes especiales. El líder musical, líder de alabanza; éste fue el querubín que se reveló y que ahora se encuentra en otro lugar; es también quien alguna vez se paseaba en el huerto de Edén... me refiero al mismísimo satanás.

«*Hijo de hombre, levanta endechas sobre el rey de Tiro, y dile: Así ha dicho Jehová el Seño:* **Tú eras el sello de la perfección, lleno de sabiduría, y acabado de hermosura.** *En Edén, en el huerto de Dios* **estuviste**; *de toda piedra preciosa era tu vestidura; de cornerina,* *topacio, jaspe, crisólito, berilo y ónice; de zafiro, carbunclo, esmeralda y oro; los primores de tus tamboriles y flautas estuvieron preparados para ti en el día de tu creación.* [Lo recibieron con música, es decir, la música no es creación del hombre, sino de Dios, por tanto, tiene una raíz espiritual]. *Tú, querubín grande, protector, yo te puse en el santo monte de Dios, **allí estuviste**, en medio de las piedras de fuego te paseabas. Perfecto eras en todos tus caminos desde el día que fuiste creado, hasta que **se halló en ti maldad**. A causa de la multitud de tus contrataciones fuiste lleno de iniquidad, y pecaste; **por lo que yo te eché del monte de Dios**, y te arrojé de entre las piedras del fuego, oh querubín protector. **Se enalteció tu corazón** [soberbia] a causa de tu hermosura [vanidad], corrompiste tu sabiduría a causa de tu esplendor [orgullo]; yo te arrojaré por tierra; delante de los reyes te pondré para que miren en ti. Con la multitud de tus maldades y con la iniquidad de tus contrataciones profanaste tu santuario; yo, pues, saqué fuego de en medio de ti, el cual te consumió, y te puse en ceniza sobre la tierra a los ojos de todos los que te miran. Todos los que te conocieron de entre los pueblos se maravillarán sobre ti; espanto serás, y para siempre dejarás de ser»* (Ezequiel 28:12-19).

Muchos cristianos tienen la duda de por qué, cuando Dios habla de satanás en este pasaje, empieza refiriéndose al rey de Tiro. La respuesta a esta pregunta es porque en ese momento el rey de Tiro era usado por el mismo satanás.

Esto pasó también cuando Pedro le dijo a Jesús que tuviera compasión de sí mismo. Ante esto, Jesucristo le dice: «¡Apártate de mí, satanás!». En esos momentos Pedro estaba siendo influenciado por satanás y Jesucristo reconoció de inmediato que no era Pedro sino satanás mismo con quien estaba luchando.

> *«Porque no tenemos lucha contra sangre y carne, sino contra principados, contra potestades, contra los gobernadores de las tinieblas de este siglo, contra huestes espirituales de maldad en las regiones celestes»* (Efesios 6:12).

¿Qué hubiese pasado si Jesucristo hubiera acatado la recomendación de satanás por medio de Pedro? Simplemente no habría camino al cielo y todos iríamos al infierno; pero ese no era el plan de Dios, ¡el plan de Dios desde el principio fue salvar nuestras almas! Damos gracias a Dios porque Él envió a su Hijo, quien se hizo obediente hasta la muerte. Jesús tuvo que morir porque la paga del pecado es muerte: Él fue inocente, pero llevó nuestros pecados.

«Porque la paga del pecado es muerte, mas la dádiva de Dios es vida eterna en Cristo Jesús Señor nuestro» (Romanos 6:23).

Las personas pueden ser influenciadas por satanás, y es evidente que existen luchas espirituales en las regiones celestes. La lucha no es contra seres humanos, es por ello vital mantener una estrecha comunión con Dios. Cuando oramos se desatan guerras espirituales en las regiones celestes.

La oración constante y sin cesar, el ayuno, el perfeccionamiento de la santidad y un constante espíritu agradecido son armas fundamentales para vencer en nuestras guerras espirituales. Todo cristiano debe glorificar a Dios en todo tiempo y mantenerse velando, pues tenemos un adversario que como un león, trata siempre de encontrar la oportunidad para devorarnos (1 Pedro 5:8).

Dios había creado ya la música antes de crear al querubín que luego se convertiría en satanás, Él preparó música para el día en que ese gran querubín, por obra de Dios, empezaría a existir. Así como los otros querubines, cuya función es declarar constantemente, santo, santo, santo, la función de quinto querubín era ser el líder de alabanza de Dios.

«En Edén, en el huerto de Dios estuviste; de toda piedra preciosa era tu vestidura; de cornerina, topacio, jaspe, crisólito, berilo y ónice; de zafiro, carbunclo, esmeralda y oro; **los primores de tus tamboriles y flautas estuvieron preparados para ti en el día de tu creación**» (Ezequiel 28:13).

Él sería el jefe de los ángeles, pues cuando a un ángel se le dice *grande* en el cielo, significa que tiene un alto nivel jerárquico. Lucifer (como inicialmente fue llamado) sería el jefe de todos los querubines, el más grande de todos ellos. Ezequiel 28:4 es el único versículo en la Biblia en donde Dios dice *grande* a un querubín, y su grandeza no se refiere a su tamaño sino a un alto nivel jerárquico.

«**Tú, querubín grande,** protector, **yo te puse en el santo monte de Dios**, allí estuviste; en medio de las piedras de fuego te paseabas» (Ezequiel 29:14).

¿Qué es esto de «el santo monte de Dios»? Observemos el siguiente versículo:

«Sino que os habéis acercado al monte de Sion, a la ciudad del Dios vivo, Jerusalén la celestial, a la compañía de muchos millares de ángeles» (Hebreos 12:22).

La Nueva Jerusalén

Aquí es necesario abrir un paréntesis para explicar un concepto importante. La Biblia es de suprema autoridad para el cristiano, pues se trata de la Palabra de Dios, y ésta debe regir toda su vida, pues es la verdad absoluta del Todopoderoso. El propósito principal de la Biblia es enseñar lo que Dios desea para los seres humanos, para darnos a conocer su mensaje de amor, y para instruir a sus hijos a caminar rectamente con él.

Sin embargo, es necesario aclarar cada uno de sus señalamientos para gozar de la verdad que trata de expresar, pues de otra manera podría caerse en razonamientos que más obedecen a tradiciones antes que a lo que Dios enseña.

Existe una religión que arrastra a multitudes y que ha desviado muchos de los principios bíblicos establecidos por Dios en su Palabra, reduciéndolos a tradiciones que se han pasado de generación en generación. Estas tradiciones se han convertido en cosas tan sagradas para muchos, que desafiarlas a la luz de las Escrituras puede ser una tarea un tanto espinosa. Así es que, tan sólo el Espíritu Santo es quien puede guiar a una persona a toda la verdad, cuando ésta decida convertirse al Señor recibiéndolo en su corazón y arrepintiéndose sinceramente de sus pecados; cuando ella decide acudir directamente al trono de la gracia mediante Jesucristo sin ningún otro intermediario fuera de Él. Luego, cuando el Espíritu Santo viene a su vida, el velo es quitado de sus ojos y le resplandece la luz del evangelio: *«Pero cuando se conviertan al Señor, el velo se quitará»* (2 Corintios 3:16).

Y cuando una persona se convierte al Señor debe inmediatamente empezar a estudiar las Escrituras, pues de otro modo podría estar viviendo con la idea de que agrada a Dios cuando en realidad es todo lo contrario. Dios establece en la Biblia la manera de adorarlo, y si conociendo las Escrituras aun así fallamos, ahora, imagínate desconociéndolas.

Esto pasó en la época de Jesús; los fariseos y saduceos pensaban que agradaban a Dios, pero Jesús en varias ocasiones les dijo: *«Erráis, ignorando las Escrituras»* (Mateo 22:29). Otro versículo también dice:

«Mi pueblo fue llevado cautivo, porque no tuvo conocimiento» (Isaías 5:13). Así que, es una posición bastante arriesgada seguir tradiciones y no corroborarlas bíblicamente; y en el caso de la existencia de varias interpretaciones, es necesario estudiar bien el tema hasta llegar a la verdad, pues se trata de tu **vida eterna**.

¡Es necesario obedecer a Dios antes que a los hombres!

Hay un dicho que se ha hecho viral en las redes sociales; un dicho sobre el cual muchos descansan y se enorgullecen al expresarlo. Este versa así: «No estamos huérfanos, tenemos a la virgen María».

Con mucho amor, mencionaré dos versículos bíblicos que revelan el error de esta doctrina:

Jesucristo dijo: «No os dejaré huérfanos», pero no lo dijo por la virgen María, lo dijo por el Espíritu Santo.

> «Y yo rogaré al Padre, *y os dará otro Consolador, para que esté con vosotros para siempre:* **el Espíritu de verdad**, *al cual el mundo no puede recibir, porque no le ve, ni le conoce; pero vosotros le conocéis, porque mora con vosotros, y estará en vosotros*. **No os dejaré huérfanos; vendré a vosotros**» (Juan 14:16-18).

Así es que el dicho que he mencionado previamente sustituye al Espíritu Santo por la virgen María, y de esta manera no lo dejamos actuar en nuestras vidas. Lo contristamos y lo apagamos con estas declaraciones, pues Él es el Espíritu de verdad.

Otra idea que se ha filtrado y es popular es que los cristianos no reconocemos a María como la madre de Jesús; sin embargo, esta idea es errónea. Los cristianos reconocemos a María como un instrumento clave en el plan de Dios para la humanidad, de hecho, reconocemos sus virtudes y el paso de fe que dio al aceptar el propósito de Dios para su vida sin importar las consecuencias a las que tuvo luego que enfrentarse. Ella, junto con los apóstoles, los profetas, e incluso José mismo, colaboró en el plan de Dios para salvar a la humanidad y por su labor seguramente tendrá un lugar especial en el cielo. Sin embargo, igual que todos nosotros, su corona también será lanzada en adoración a Dios cuando todos los demás lo hagamos.

Creer que María intercede por los humanos contradice la Palabra de Dios y es tanto como decir que el Todopoderoso es mentiroso al decir que sólo Jesucristo es mediador entre Dios y los hombres. Por ello, esta doctrina desvirtúa el papel insustituible de Jesucristo como mediador, es decir, como sumo sacerdote.

El único mediador entre Dios y los hombres es Jesucristo. Así también, la misma Palabra de Dios aclara quién es la madre de todos los hijos de Dios:

«Mas la Jerusalén de arriba, **la cual es madre de todos nosotros**, es libre» (Gálatas 4:26).

Un verdadero cristiano enseña lo que dice la Palabra de Dios, y su única motivación es el amor de Dios: desea decirle a los demás la verdad de Dios. Pero muchas veces la verdad duele.

Un cristiano busca en todo agradar a Dios, confrontándolo todo con la Biblia. Si lo que hacemos o pensamos **no** concuerda con la Palabra de Dios, y tú te enteras de ello, haz un alto y alerta a los demás, recuerda que por falta de conocimiento ellos también fueron engañados. Si lo haces, esta acción tiene galardón en el cielo, y por cierto, este galardón es grande.

«***Porque nunca la profecía fue traída por voluntad humana***, *sino que los santos hombres de Dios hablaron siendo inspirados por el Espíritu Santo*» (2 Pedro 1:21).

Ahora bien, si alguien no cree que la Biblia sea la Palabra de Dios o cree que ésta contiene errores (que para el caso tiene el mismo resultado), para éste tan sólo queda orar, orar que abra la puerta de su corazón a Jesucristo y de esta manera el velo le sea quitado. Es necesario que tal persona reconozca a Jesucristo como su único y suficiente Salvador y se arrepienta genuinamente.

«*Pero cuando se conviertan al Señor, el velo se quitará*» (2 Corintios 3:16).

La Biblia nos dice que es necesario que primero una persona se convierta para que luego el velo le sea quitado, no al contrario, es decir, *no dice* que es necesario primero quitar el velo para que se convierta. Una persona que cree en Dios no puede andar por el mundo dudando si la Biblia es o no la Palabra de Dios, pues de otra manera no podrá ver el poder de Dios y su fe es irreal, pues tener fe significa creer para ver y no ver para creer.

Aquí cerramos el paréntesis y ahora retomamos el tema del quinto querubín.

***

El querubín creado por Dios, que luego se convirtió en satanás, era perfecto, pero se encontró maldad en su corazón.

*«Perfecto eras en todos tus caminos desde el día que fuiste creado, hasta **que se halló en ti maldad**»* (Ezequiel 29:15).

¿Cómo puede el querubín grande ser tentado si no había diablo que lo tentara? La maldad se despertó en él.

*«**Se enalteció tu corazón a causa de tu hermosura, corrompiste tu sabiduría a causa de tu esplendor**; yo te arrojaré por tierra; delante de los reyes te pondré para que miren en ti»* (Ezequiel 28:17).

1.- Se enalteció tu corazón → Soberbia

2.- A causa de tu hermosura → Vanidad

3.- Corrompiste tu → Orgullo

Allí está el pecado de satanás. Él era perfecto en todos sus caminos, era el sello de la perfección, y el sello de la hermosura. Era el más sabio y el más hermoso de los seres celestiales. Por esta razón los ángeles que se encontraban en el Seol quedaron atónitos y sorprendidos cuando llegó con ellos después de su caída.

*«**El Seol abajo se espantó de ti**, despertó muertos que en tu venida saliesen a recibirte, hizo levantar de sus sillas a todos los príncipes de la tierra, a todos los reyes de las naciones. Todos ellos darán voces y te dirán: ¿**Tú también te debilitaste como nosotros, y llegaste a ser como nosotros**? Descendió al **Seol tu soberbia, y el sonido de tus arpas**; gusanos serán tu cama, y gusanos te cubrirán. ¡**Cómo caíste del cielo, oh Lucero, hijo de la mañana**! Cortado fuiste por tierra, tú que debilitabas a las naciones»* (Isaías 14:9-12).

El sonido de sus arpas... él era músico.

Abriremos otro paréntesis muy necesario.

¿Cuántos músicos en las reuniones cristianas se suben a cantar y tocan alabanzas con el corazón del mismísimo satanás? Con soberbia, vanidad y orgullo.

Hoy en día la música en el ambiente cristiano ha sufrido desvíos importantes, aunque, por cierto, no es algo que la Biblia no haya ya profetizado ni aquello de lo que el cristiano deba sorprenderse.

¡Si en algo debemos de tener cuidado es en cómo alabamos a Dios! Satanás era líder de alabanza; sus instrumentos estaban preparados. Seríamos ingenuos si creyéramos que la música fue un invento terrenal. No, la música ya existía en el cielo, por lo tanto, la música es algo espiritual, la música alimenta el espíritu.

Satanás sabe esto, y siendo que la Biblia lo describe como el más grande de los engañadores, él es especialista en engañar a través de la música.

Hoy en día tenemos muchos conciertos cristianos y las personas se sienten bien al asistir a ellos; sin embargo, pondremos un ejemplo bíblico que nos ayudará a tener más luz sobre este asunto.

> *«Y viendo esto Aarón, edificó un altar delante del **becerro**, y pregonó Aarón, y dijo: Mañana será fiesta para Jehová. Y al día siguiente madrugaron, y ofrecieron holocaustos, y presentaron ofrendas de paz; y se sentó el pueblo a comer y a beber**, y se levantó a regocijarse**. Entonces Jehová dijo a Moisés: Anda, desciende, porque tu pueblo que sacaste de la tierra de Egipto se ha corrompido»* (Éxodo 32:5-7).

Un grave error en el pueblo de Dios

Imaginemos la escena. No solamente hicieron el becerro, sino que también respetaron el día de Jehová y se levantaron muy de mañana para ofrecer holocaustos, los cuales son la ofrenda para pedir perdón por los pecados.

Ellos estaban ofreciendo ofrendas de paz, las cuales simbolizan la estabilidad del pueblo en su relación con Dios, y comieron, bebieron y se regocijaron. El grandísimo problema es que ellos pensaron que Dios se agradaría de ellos tan sólo porque habían creado un panorama religioso obedeciendo algunas de las ordenanzas de Dios. Ellos inclusive llegaron a pensar que Dios les estaba dando una bendición especial por su servicio, cuando en realidad, ¡Dios estaba tan enojado, que había determinado un juicio muy severo sobre ellos! ¡Dios estuvo a punto de desecharlos para siempre!

Esto habría sucedido de no ser por la intervención de Moisés como profeta y sacerdote del pueblo de Israel. La intercesión de Moisés fue lo que salvó al pueblo.

¡Qué escena tan terrible! Pero ¿cuál es la enseñanza aquí? La enseñanza es esta: **No porque nos regocijemos y nos unamos en un solo sentir bajo el argumento de que es para Dios, realmente será algo que agrade a Dios.**

Dios no detendrá su juicio sobre aquello que estemos haciendo mal aunque esté envuelto en un celofán de una supuesta adoración. Asimismo, la ignorancia no es justificante para nuestras acciones equivocadas, recordemos que la Biblia dice: *«Mi pueblo fue destruido, porque le faltó conocimiento»* (Oseas 4:6). No hay excusa, pues tenemos acceso a la Palabra de Dios.

Lo terrible de esta escena es que los israelitas no se preocuparon por saber qué era lo que Dios pensaba de lo que estaban haciendo; ellos pensaron que tan sólo porque tenían un mismo sentir y estaban alegres y satisfechos, por ello estaban siendo avalados por Dios. El resultado de todo esto es que esa generación no entró a la tierra prometida.

Hoy en día, con los conciertos cristianos, podría estar sucediendo lo mismo, permíteme repetir este concepto: **No porque nos regocijemos y nos unamos en un solo sentir bajo el argumento de que es para Dios, realmente será algo que agrade a Dios.**

Aquí cerramos el paréntesis.

***

Vemos que Luzbel terminó siendo el adversario de Dios; su error consistió en querer ser como Dios.

> *«Tú que decías en tu corazón:* **Subiré al cielo; en lo alto, junto a las estrellas de Dios, levantaré mi trono, y en el monte del testimonio me sentaré, a los lados del norte**; *sobre las alturas de las nubes subiré, y* **seré semejante al Altísimo**. *Mas tú derribado eres hasta el Seol, a los lados del abismo»* (Isaías 14:13-15).

Luzbel estuvo en lo alto del cielo; sin embargo, cayó hasta lo más bajo de la tierra. Su caída fue terrible, y esto fue resultado de su soberbia: la soberbia de un músico que fue creado para adorar a Dios, pero que terminó adorándose a sí mismo.

Hoy los cristianos necesitamos discernir quién se sube a un escenario con el mismo sentir de satanás. En nuestra generación existen cantantes con una hermosa voz, pero que no glorifican a Dios. Algunos cantan canciones cuyas letras se basan en pasajes bíblicos fuera de contexto y otros en meros versos que no son cánticos espirituales en lo absoluto. Sus cánticos pueden mover sentimientos y hacer llorar, pero no están respaldados por el Espíritu de Dios.

Otros cantan canciones cuya letra no menciona a Dios ni a Jesucristo; es decir, bien podrían estar dirigidas a la esposa, esposo, amante, etc., no se sabe a quién. Canciones que carecen de destinatario. Algunas de estas canciones aún se cantan en las iglesias;

fueron escritas teniendo en mente el gusto de un público y su fin fue lucrar con el evangelio. Éstos son cantantes que poseen un corazón que se asemeja al del mismo satanás: un corazón soberbio y corrompido.

> «¿Qué, pues? Oraré con el espíritu, pero oraré también con el entendimiento; **cantaré con el espíritu, pero cantaré también con el entendimiento**» (1 Corintios 14:15).

> «**Engañoso es el corazón más que todas las cosas, y perverso**; ¿quién lo conocerá?» (Jeremías 17:9).

Al cielo van personas transformadas, por lo que debemos preguntarnos: «¿La alabanza que cantamos ayuda en esta transformación?». La transformación de la persona es lo que importa. Por gracia somos salvos, por medio de la fe; la fe en Jesús es esencial para la salvación, ya que sin fe es imposible agradar a Dios. Y la fe viene por el oír la Palabra de Dios (Romanos 10:17). Así que, la alabanza debe ser la Palabra de Dios cantada, para que de esta manera adquiramos fe.

Todo cristiano debería cantar con inteligencia y discernir si lo que canta da gloria a Dios o no. El cielo no se llenará de personas que experimentan sentimientos bonitos al cantar, sino de personas transformadas que saben escuchar la Palabra de Dios. Recordemos que satanás es descrito como un gran músico, pero también como un gran engañador, por lo que el diablo utiliza ese gran don que Dios le dio para engañar a muchos. ¿Cómo se viste satanás? Como ángel de luz.

> «Y no es maravilla, porque el mismo Satanás se disfraza **como ángel de luz**» (2 Corintios 11:14).

Categorías de ángeles de grado inferior

> «Porque en él fueron creadas todas las cosas, las que hay en los cielos y las que hay en la tierra, visibles e invisibles; **sean tronos, sean dominios, sean principados, sean potestades**; todo fue creado por medio de él y para él» (Colosenses 1:16).

Este versículo no menciona a los serafines, a los querubines o a los arcángeles, es por ello que se asume que estas son categorías inferiores de ángeles en donde la mayor de ella —si tomamos en cuenta un orden descendente—, es la categoría de *tronos*.

Es necesario aclarar que no siempre que se mencionan estas clasificaciones de ángeles se trata de ángeles de satanás, la Biblia dice:

«*Porque no tenemos lucha contra sangre y carne, **sino contra principados, contra potestades, contra los gobernadores de las tinieblas de este siglo, contra huestes espirituales de maldad en las regiones celestes***» (Efesios 1:12).

Respecto a esto debemos recordar que satanás no es creador sino más bien *imitador*; por tanto, se limitó a imitar lo que Dios previamente ha hecho: él agrupó a sus ángeles de la misma manera que Dios. Cuando satanás se trajo consigo a la tercera parte de los ángeles, éstos ya estaban creados, agrupados y clasificados; así que, la única diferencia es que el propósito de ellos ahora es distinto: trabajan para destruir los designios de Dios.

Tronos

Inferimos que *los tronos* es una categoría seguida a los querubines. Los eruditos en el tema de la angelología sugieren que *los tronos* sustentan el trono de Dios y transmiten su voluntad. Uno de los ángeles que parece pertenecer a esta categoría es el mencionado en Apocalipsis 10; éste aparece ahí para transmitir la voluntad de Dios en un mensaje trascendental.

> «***Vi descender del cielo a otro ángel fuerte, envuelto en una nube, con el arco iris sobre su cabeza; y su rostro era como el sol, y sus pies como columnas de fuego.*** *Tenía en su mano un librito abierto; y puso su pie derecho sobre el mar, y el izquierdo sobre la tierra;* ***y clamó a gran voz, como ruge un león; y cuando hubo clamado, siete truenos emitieron sus voces.*** *Cuando los siete truenos hubieron emitido sus voces, yo iba a escribir; pero oí una voz del cielo que me decía: Sella las cosas que los siete truenos han dicho, y no las escribas.* ***Y el ángel que vi en pie sobre el mar y sobre la tierra, levantó su mano al cielo****, y juró por el que vive por los siglos de los siglos, que creó el cielo y las cosas que están en él, y la tierra y las cosas que están en ella, y el mar y las cosas que están en él, que el tiempo no sería más*» (Apocalipsis 10:1-6).

Descripción de este ángel:
⇒ Tenía un arco iris sobre su cabeza.
⇒ Su rostro era como el sol.
⇒ Sus pies como columnas de fuego.
⇒ Una gran voz como de león.
⇒ Ángel fuerte (poderoso y grande).

Este ángel comunica que el tiempo no sería más y le impide a Juan escribir en qué consisten los siete truenos. El Apocalipsis nos da una revelación de veintiún juicios: los siete sellos, las siete trompetas y las siete copas; sin embargo, cuando llega a los juicios de los truenos este ángel le impide a Juan escribir al respecto, y da la orden de que selle el rollo.

Juan vio y entendió el significado de estos siete truenos, pero el ángel no permitió que revelara esto ni que lo escribiera; esta fue la voluntad de Dios y el ángel trasmitió esa voluntad. Este es un ángel poderoso y portador de gloria.

Sabemos, por la Palabra de Dios, que existen jerarquías en los ángeles y los llamados tronos es uno de estos niveles jerárquicos.

Dominios

Los estudiosos del tema dicen que se les llama dominios porque dominan sobre los tres reinos existentes en la naturaleza: el reino animal, el reino vegetal y el reino mineral, pero también sobre todos los demás aspectos y elementos existentes en ella.

Por ejemplo, el ángel que tiene dominio sobre las aguas ejecuta juicio sobre el mundo: que los ríos se convierten en sangre por la voluntad de Dios.

> «*El tercer ángel derramó su copa* **sobre los ríos**, *y sobre las* **fuentes de las aguas, y se convirtieron en sangre**. *Y oí al ángel de las* **aguas**, *que decía: Justo eres tú, oh Señor, el que eres y que eras, el Santo, porque has juzgado estas cosas*» (Apocalipsis 16:4-5).

El ángel de las aguas dice: «Justo eres tú Señor». Así como hay un «ángel de las aguas», así pudiere haber otros ángeles que tienen dominio sobre las distintas esferas de la naturaleza.

Los ángeles pueden recibir órdenes de Dios para intervenir en la naturaleza. Dios tiene dominio sobre toda la tierra. No es la «madre naturaleza» la que se enoja, ¡no! Más bien, existen ángeles que trabajan y cumplen la voluntad de Dios. ¿Por qué la naturaleza se ha mantenido en equilibrio por milenios? Por la soberana voluntad de Dios, quien se hace patente mediante la operación de los ángeles en la categoría de *dominios*.

Otro ejemplo más de este tipo de ángeles se encuentra en Apocalipsis 7. Ahí, cuatro de estos ángeles detienen los cuatro vientos de la tierra:

*«Después de esto **vi a cuatro ángeles en pie sobre los cuatro ángulos de la tierra, que detenían los cuatro vientos de la tierra, para que no soplase viento alguno sobre la tierra**, ni sobre el mar, ni sobre ningún árbol»* (Apocalipsis 7:1).

Principados y potestades

*«Y vosotros estáis completos en él, que es la cabeza de todo **principado y potestad**»* (Colosenses 2:10).

Veremos por separado estas dos categorías que me mencionan juntamente.

Los principados son asignados a territorios (naciones, ciudades, pueblos, etc.)

*«**Mas el príncipe del reino de Persia** se me opuso durante veintiún días; pero he aquí Miguel, **uno de los principales príncipes, vino para ayudarme, y quedé allí con los reyes de Persia**»* (Daniel 10:13).

La llegada del ángel que daría a Daniel la profecía de la semana setenta se retrasó debido a que el príncipe de Persia le estorbó. Y así, de la misma manera como satanás tiene asignados a sus ángeles a las naciones, y los tiene organizados por países y ciudades, así también Dios asigna a ángeles del cielo por territorios.

Después el arcángel Miguel tenía que ir a pelear con el príncipe de Grecia y de Persia, según podemos verlo en el siguiente versículo:

*«Él me dijo: ¿Sabes por qué he venido a ti? Pues ahora tengo que volver para pelear contra **el príncipe de Persia**, y al terminar con él, **el príncipe de Grecia vendrá**»* (Daniel 10:20).

Satanás tenía príncipes asignados tanto a Grecia como a Persia; él asigna sus ángeles a naciones y éstos tienen jerarquías. Recordemos contra quien es nuestra lucha —contra potestades, huestes de maldad, dominios, tronos. Las buenas noticias son que también Jesucristo tiene asignados a sus ángeles para luchar a nuestro favor. Jesucristo dijo: *«Separados de mí nada podéis hacer»* (Juan 15:5). Y esto tiene que ver, en este caso, a que sería algo realmente terrible quedar desamparados en medio de las grandes luchas que tenemos contra nuestros enemigos espirituales.

¿Cuál es el propósito de Satanás? Que las almas se pierdan, que durante su vida en este mundo pasajero las personas no volteen a ver a

Dios. Así, para cumplir este propósito nefasto, satanás tiene innumerables estrategias engañadoras para influenciar al mundo terrenal y lograr que las almas se pierdan. Para pasar de lo natural a lo espiritual, de lo pasajero a lo eterno y de lo visible a lo invisible es necesario librar una lucha espiritual, una lucha que todo cristiano tiene que pelear.

La única esperanza para los incrédulos reside en la movilización de la Iglesia. Ella es la responsable de predicar la Palabra y cumplir la Gran Comisión: «*Ir por todo el mundo y predicar el evangelio a toda criatura*» (Marcos 16:15).

Por otro lado, en cuanto a las potestades, los eruditos en angelología concuerdan en que esta categoría angelical se refiere a aquellos que mantienen el equilibrio cósmico de la creación y las leyes físicas. Éstos son custodios de las fronteras, controlan los márgenes establecidos de Dios entre el mundo espiritual y el mundo físico.

Arcángeles

Realmente no se puede asegurar bíblicamente que exista más de un arcángel, pues solo uno se menciona en la Biblia con ese nombre, Miguel. Sin embargo, se especula que Gabriel también podría tener ese nivel pues fue quien llevó a la tierra noticias transcendentales a los seres humanos. Éste luchó contra Satanás antes de que viniera en su ayuda Miguel (Daniel 10:13). Con todo y esto, la Biblia se refiere a Gabriel simplemente con el título de *ángel*.

La tradición católica dice que existen siete arcángeles: Miguel, Gabriel, Rafael, Uriel, Jofiel, Shamuel y Zadkiel; de estos únicamente se menciona Miguel en los libros llamados canónicos y otro más en los libros apócrifos (Rafael, en el libro de Tobías). En cuanto a Gabriel, aunque se menciona en la Biblia como *ángel* solamente, la tradición católica lo reconoce como arcángel; y en cuanto a los demás, ninguno aparece mencionado, ni en los libros canónicos, ni en los apócrifos.

La palabra arcángel significa «*jefe de ángeles*». Miguel, el arcángel mencionado en las Escrituras, es un ángel de guerra. Éste tiene un enorme poder; basta con recordar cuando luchó directamente contra satanás disputando el cuerpo de Moisés (Judas 1:9), o cuando luchó contra los principados de Grecia y Persia (porque éstos impedían a Gabriel llegar a donde estaba Daniel para informarle sobre la profecía de la semana setenta).

Dios mandó —a través de Gabriel— un mensaje muy importante para el profeta Daniel; y cuando el ángel viajaba del cielo a la tierra con esta palabra, fue detenido por los príncipes (principados) de Persia (demonios que controlaban Persia). Mientras tanto, Daniel no tenía respuesta a su oración porque los demonios no lo permitían, y tuvo que venir otro ángel para ayudar a Gabriel (los ángeles se ayudan entre ellos).

Por cierto, Miguel estuvo asignado a la nación de Israel, esto se menciona en Daniel 12:1 «*En aquel tiempo se levantará Miguel,* **el gran príncipe que está de parte de los hijos de tu pueblo**». Esta profecía respecto al arcángel Miguel fue comunicada por Gabriel a Daniel, en el contexto de aquello a que llamamos la profecía de la semana setenta.

La profecía de la semana setenta está escrita para el pueblo de Israel, y a Daniel nada se le revela en relación a la Iglesia. Inclusive, Daniel no sabía que existiría una Iglesia en el futuro, sino que todo le fue revelado en relación a su pueblo (Israel). Una de las principales faltas en cuanto a la interpretación de la profecía de Daniel es integrar a la Iglesia en ella, y esto causa confusión. En sí, la profecía de la semana setenta es difícil de entender, y más aún cuando se parte de bases equivocadas.

Otra aclaración importante es que Israel —como nación— pasará por la gran tribulación debido a que no creyeron en el Mesías. Y será tanto el sufrimiento de la nación en este tiempo, que Miguel defenderá a su pueblo en una batalla en las regiones celestiales.

> «*En aquel tiempo se levantará Miguel, el gran príncipe que está de parte de los hijos de tu pueblo; y será tiempo de angustia, cual nunca fue desde que hubo gente hasta entonces; pero en aquel tiempo será librado tu pueblo*, todos los que se hallen escritos en el libro» (Daniel 12:1).

También Jesucristo dijo que habría sufrimiento cual nunca lo ha habido.

> «*Porque habrá entonces gran tribulación, cual no la ha habido desde el principio del mundo hasta ahora, ni la habrá*» (Mateo 24:21).

Es importante interpretar que Jesucristo y Daniel están hablando del mismo tiempo y esto es determinante para entender la profecía perteneciente a Israel, **más no para la Iglesia**.

Dice, por ejemplo, *será librado tu pueblo*, ¿cuál pueblo? Israel, por supuesto. Israel pasará por la tribulación y los verdaderos judíos serán librados. La nación de Israel nunca desaparecerá, ya que Dios así lo prometió a David —*tu reino no tendrá fin*—; hay además muchos versículos bíblicos que respaldan esto.

¿Qué ocasiona que se interprete la profecía de Daniel y la de Mateo 24 como aplicada a la Iglesia? Se tendría que concluir que la Iglesia pasará por los juicios de Dios sobre la tierra, en donde habrá sufrimiento como jamás lo hubo ni lo habrá. ¿Qué significa esta frase, *habrá entonces gran tribulación... ni la habrá* (v.21)? Significa que en toda la historia de la humanidad, desde Adán y Eva, y hasta el fin del mundo, este período será el de más sufrimiento.

Así, si estas profecías se aplican a la Iglesia, esto equivale a decir que la Iglesia pasará por esta tribulación (con la esperanza de que ésta sea librada o protegida durante el tiempo en que los juicios tengan lugar). Sin embargo, la Biblia enseña que la Iglesia *no* pasará por este período de tribulación, pues ésta será arrebatada para ser librada de los juicios descritos en Apocalipsis capítulos 6-19.

«*Velad, pues, en todo tiempo orando que seáis tenidos* **por dignos de escapar** *de todas estas cosas que vendrán, y de estar en pie delante del Hijo de Hombre*» (Lucas 21:36).

Cabe mencionar que esta interpretación errónea de la semana setenta de Daniel es una de las desviaciones más populares en la actualidad, y existen muchas otras, que no mencionaremos aquí, por no ser éste el tema de este libro.

El libro de Daniel anticipa en su profecía que Miguel protagonizará una batalla en el cielo, y Apocalipsis lo confirma. Miguel aparece en batalla en el libro de Apocalipsis, y esto concuerda con el tiempo del que habla Jesucristo y Daniel, *en aquel tiempo se levantará Miguel...* (Daniel 12:1).

«**Después hubo una gran batalla en el cielo: Miguel y sus ángeles luchaban contra el dragón; y luchaban el dragón y sus ángeles**; *pero no prevalecieron, ni se halló ya lugar para ellos en el cielo. Y fue lanzado fuera el gran dragón, la serpiente antigua, que se llama diablo y Satanás, el cual engaña al mundo entero; fue arrojado a la tierra, y sus ángeles fueron arrojados con él*» (Apocalipsis 12:7-9).

Nota:
No hemos estudiado a profundidad la semana setenta de Daniel, pues no es el propósito de este libro; sin embargo, te recomiendo que lo

hagas, ya que entender la profecía de Daniel es fundamental para el entendimiento de las profecías bíblicas para el tiempo futuro.

Conclusión de esta sección

En esta sección hemos hablado de las misiones, las características y las jerarquías de los seres celestiales. De aquí en adelante estaremos estudiando las promesas de Dios para el futuro de la Iglesia y así contestaremos definitivamente a la pregunta de: *¿Qué hará la Iglesia después de la resurrección de los muertos?*

Mediante este breve recorrido bíblico hemos conocido las capacidades extraordinarias que tienen los ángeles. Conocer y comprender el mundo invisible de Dios nos ayuda a meditar en lo que los seres celestiales hacen en la actualidad a favor de la Iglesia.

Sabemos que son seres con capacidades extraordinarias que sobrepasan el entendimiento humano, ya que fueron creados para operar con leyes diferentes a las leyes terrenales. Nosotros seremos semejantes a ellos, nos dicen las Escrituras; así que, las leyes que ahora operan con los ángeles serán aplicables también a nosotros. Si entendemos esto y conocemos las promesas de Dios para su Iglesia en el futuro, podremos acercarnos a la verdad de lo que haremos en el cielo.

Repaso de las capacidades de los ángeles

⇒ Son inmortales, poderosos en fuerza y en potencia; vuelan a velocidades extraordinarias; pueden caminar y hablar. Sienten, tiene voluntad propia, se pueden materializar en un cuerpo humano, y ven cara a cara a Dios.

⇒ Son invisibles, asexuales, comen maná, son sabios, tienen conocimientos que nosotros no tenemos, no se pueden reproducir, y existen para cumplir la voluntad de Dios.

⇒ Rompen las leyes físicas que Dios estableció para el mundo natural y, por la voluntad de Dios, pueden ser visibles al ojo humano.

⇒ Tienen misiones diversas: de destrucción, de ejecución de juicios, de protección, de fortaleza, de confort.

⇒ La manifestación de un ángel de Dios a un ser humano siempre será una experiencia inolvidable.

Y, ¿cuál es la buena nueva? Que seremos como ellos. ¡Gloria a Dios!

Cuadro de temas principales

PROMESA CLAVE	➡	«SEREMOS COMO LOS ÁNGELES»
Introducción	➡	¿Por qué es importante estudiar el tema?
Estableciendo las bases	➡	Fe + Arrepentimiento = obediencia y significa creer a las promesas bíblicas
El mundo invisible de Dios	➡	Conocimiento de su operación
Los ángeles y sus misiones en la Biblia		Conocimiento de sus responsabilidades y obligaciones (pues seremos como ellos)
Ubicación cronológica de la promesa	➡	Cuándo, cómo y dónde se cumple la promesa de Dios
Las obras y el Tribunal de Cristo	➡	La relación de las obras con lo que haremos en el cielo
Las promesas de Dios para su Iglesia en el futuro	➡	Análisis de las promesas de Dios para la Iglesia en el futuro
Resolución	➡	¿En qué edifica mi vida conocer este tema?

4

UBICACIÓN CRONOLÓGICA DE LA PROMESA

Es frecuente que escuchemos en los funerales: «Dios necesitaba un ángel en el cielo». Sin duda estas palabras traen aliento a los deudos, pero también tienen algo de verdad.

Claro, la Biblia dice que seremos como los ángeles, pero Dios no necesita un ángel más el en cielo (Él tiene millones y puede crear más, todos los que quiera). Nosotros, los redimidos con la sangre de Jesús, somos la Iglesia, la novia de Jesucristo, la que irá con Él a las bodas del Cordero.

Todo cristiano vive una vida transformada aquí en la tierra, pero cuando muere en Cristo, le espera el cumplimiento de grandes y maravillosas promesas. Todas estas promesas tienen su tiempo y existe un orden cronológico para el cumplimiento de cada una de ellas.

Ahora bien, la promesa clave —*tema de este libro*— es «seremos como los ángeles»; pero surgen de inmediato preguntas obligadas: ¿Cuándo? ¿Dónde? ¿Cómo? Está claro que no es posible establecer fechas para los acontecimientos futuros en *el reloj de Dios*, sin embargo, lo que sí conocemos es el orden cronológico de los acontecimientos.

Por tanto, la respuesta a la pregunta de ¿cuándo se cumplirá la promesa de que seremos como los ángeles? No corresponde a una fecha, sino a la sucesión de acontecimientos. La Biblia únicamente revela la sucesión de acontecimientos, más no establece fechas.

El apóstol Pablo, cuando escribe por el Espíritu Santo a los tesalonicenses habla de tiempos y ocasiones:

> «*Pero acerca de los tiempos y de las ocasiones*, *no tenéis necesidad, hermanos, de que yo os escriba*» (1 Tesalonicenses 5:1).

Cuando Pablo habla de *tiempos* se refiere al orden cronológico de los acontecimientos; cuando habla de *ocasiones* se refiere a los eventos. Y dice *no hay necesidad de que os escriba* porque la Biblia contiene suficiente información al respecto.

¿Qué sucede con algunas posturas proféticas en nuestros días? Existe mucho desconocimiento respecto al orden cronológico de los acontecimientos; por tanto, cada vez que se enseña un orden erróneo de eventos es necesario modificar la verdad del evento en sí.

Entonces, si aplicamos este conocimiento al texto de arriba, éste diría: «Pero acerca del orden cronológico de los eventos [proféticos], no tenéis necesidad, hermanos de que os escriba». Y ¿por qué dice el Apóstol *no hay necesidad que os escriba*? Porque la Biblia contiene suficiente información, pero tenemos que escudriñarla.

Cuando una persona muere en Cristo no se convierte inmediatamente en alguien semejante a los ángeles, sino que su alma va a la presencia de Dios y ahí espera el tiempo de la resurrección. El alma de quien muere en Cristo pasa a un lugar llamado «el tercer cielo». Fue en ese lugar en donde Pablo oyó palabras inefables que no le es dado al hombre expresar.

> «*Conozco a un hombre en Cristo, que hace catorce años (si en el cuerpo, no lo sé; si fuera del cuerpo, no lo sé; Dios lo sabe)* **fue arrebatado hasta el tercer cielo**. *Y conozco al tal hombre (si en el cuerpo, o fuera del cuerpo, no lo sé; Dios lo sabe), que fue arrebatado al paraíso, donde oyó palabras* **inefables** *que no le es dado al hombre expresar*» (2 Corintios 12:2-4).

La palabra *inefable* significa indecible, inexpresable, secreto, muy sagrado para poder decirlo con palabras, demasiado sagrado.

Cuando un cristiano muere, su alma es trasladada por los ángeles al tercer cielo. Algo así sucedió en la parábola del rico y Lázaro, tan sólo que éste fue llevado al *seno de Abraham*.

Ahora bien, estos muertos (cuyas almas esperan en el tercer cielo) serán resucitados cuando Jesús venga en las nubes en el arrebatamiento de la Iglesia. En este evento —diferente a la segunda venida Cristo— el Señor no bajará hasta la tierra, sino que recibirá tanto a los muertos en Cristo que en ese momento resucitarán, como a aquellos que estemos vivos y que estemos en Cristo. Nos dice la Biblia:

*«Porque el Señor mismo con voz de mando, con voz de arcángel, y con trompeta de Dios, descenderá del cielo; y **los muertos en Cristo resucitarán primero**. Luego nosotros los que vivimos, los que hayamos quedado, seremos arrebatados juntamente con ellos **en las nubes para recibir al Señor en el aire**, y así estaremos siempre con el Señor»* (1 Tesalonicenses 4:16-17).

El encuentro con Cristo es en el aire y en las nubes; mientras que, en la segunda venida, Jesucristo baja hasta la tierra y viene a juzgar y a pelear visiblemente a todos los seres humanos, en este evento *todo ojo le verá* (Apocalipsis 1:7).

En el evento del arrebatamiento —que será el primero de todos— **todos los muertos en Cristo de la historia** serán resucitados.

*«Porque si creemos que Jesús murió y resucitó, **así también traerá Dios con Jesús a los que durmieron en él**»* (1 Tesalonicenses 4:14).

En este acontecimiento específico (el arrebatamiento de la Iglesia) los muertos en Cristo resucitarán primero, y luego los que hayamos quedado vivos seremos arrebatados. Primero los muertos resucitarán y luego los vivos en Cristo seremos arrebatados.

*«Velad, pues, en todo tiempo orando que **seáis tenidos por dignos de escapar** de todas estas cosas que vendrán, **y de estar de pie delante del Hijo del Hombre**»* (Lucas 21:36).

Los *dignos de escapar* son los que no verán muerte, pues serán arrebatados y llevados de la tierra, para dar paso a los juicios descritos en el libro de Apocalipsis. En este evento estaremos de pie delante del Hijo del Hombre: todos los muertos en Cristo de la historia (junto con los que seremos arrebatados) nos encontraremos con Jesucristo en las nubes.

Todos aquellos que han muerto en Cristo (y los que habrán de morir hasta ese día) estarán esperando este evento para ser resucitados. Hasta este día ninguno de ellos ha resucitado todavía, pero su alma está consolada en el tercer cielo, el lugar al que Pablo fue llevado, y en donde oyó palabras inefables.

La Biblia nos dice con claridad que nuestra alma, al morir, irá a la presencia de Dios. Veamos algunos pasajes.

<u>Primero, como seres humanos estamos constituidos de un espíritu, un alma y un cuerpo</u>

«Y el mismo Dios de paz os santifique por completo; y todo vuestro ser, **espíritu, alma y cuerpo**, sea guardado irreprensible para la venida de nuestro Señor Jesucristo» (1 Tesalonicenses 5:23).

<u>El alma inmediatamente va a la presencia de Dios.</u>
Pablo explica que, en el momento de estar ausentes del cuerpo, estamos presentes al Señor. Cuando Esteban murió apedreado por predicar la Palabra, en los momentos antes de morir vio el trono de Dios (Hechos 7:56). Pablo dice: «Para mí el vivir es Cristo, y el morir es ganancia» (Filipenses 1:21).

«Pero confiamos, y más quisiéramos **estar ausentes del cuerpo, y presentes al Señor**» (2 Corintios 5:8).

El cuerpo va a la tumba, el alma a la presencia de Dios, y el espíritu a Dios, quien lo dio.

«Y el polvo vuelve a la tierra, como era, **y el espíritu vuelve a Dios que lo dio**» (Eclesiastés 12:7).

La Biblia dice que el cuerpo no vive si no tiene un alma en su interior.

«Y aconteció que **al salírsele el alma (pues murió)**, llamó su nombre Benoni; mas su padre lo llamó Benjamín» (Génesis 35:18).

«Y se tendió sobre el niño tres veces, y clamó a Jehová y dijo: Jehová Dios mío, **te ruego que hagas volver el alma de este niño a él.** Y Jehová oyó la voz de Elías, **y el alma del niño volvió a él, y revivió**» (1 Reyes 17:21-22).

Sin alma el cuerpo no puede vivir, y al morir ésta *vuela* al lugar que le está destinada.

«Los días de nuestra edad son setenta años; Y si en los más robustos son ochenta años, Con todo, su fortaleza es molestia y trabajo, Porque pronto pasan, y **volamos**» (Salmos 90:10).

Ahora bien, cuando sea el arrebatamiento los cuerpos de los que murieron en Cristo serán resucitados, y nuestros cuerpos —de los que estemos vivos en el arrebatamiento— serán transformados en cuerpos de gloria; así, al igual que los ángeles, seremos capaces de ver a Dios cara a cara.

«*Amados, ahora somos hijos de Dios,* **y aún no se ha manifestado lo que hemos de ser; pero sabemos que cuando él se manifieste, seremos semejantes a él**, *porque le veremos tal como él es*» (1 Juan 3:2).

El apóstol Pablo explica más a detalle lo que sucederá con todos los que protagonicemos el arrebatamiento.

«*He aquí, os digo un misterio:* **No todos dormiremos; pero todos seremos transformados, en un momento, en un abrir y cerrar de ojos**, *a la final trompeta; porque se tocará la trompeta,* **y los muertos serán resucitados incorruptibles, y nosotros seremos transformados**» (1 Corintios 15:51-52).

Cuando la paciencia del Señor sea colmada, iniciarán los juicios que Él ha preparado de antemano; pero antes, el Señor Jesús vendrá por los suyos. Así, luego de que seremos instantáneamente transformados en cuerpos glorificados, los grandes y graves juicios que confundirán y abrumarán al mundo entero empezarán a ocurrir.

Ya que es necesario que este cuerpo corruptible, pecador y defectuoso se vista de incorrupción para que, al ser transformados, se cumpla la promesa de nuestro Señor Jesucristo, «serán como los ángeles de Dios».

«***Porque es necesario que esto corruptible se vista de incorrupción**, y esto **mortal** se vista de **inmortalidad**. Y cuando **esto corruptible** se haya vestido de **incorrupción**, y esto mortal se haya vestido de **inmortalidad**, entonces se cumplirá la palabra que está escrita: Sorbida es la muerte en victoria. ¿Dónde está, oh muerte, tu aguijón? ¿Dónde, oh sepulcro, tu victoria? Ya que el aguijón de la muerte es el pecado, y el poder del pecado, la ley. Más gracias sean dadas a Dios, que nos da la victoria por medio de nuestro Señor Jesucristo*» (1 Corintios 15:53-57).

Entonces seremos revestidos de vestiduras blancas, de lino fino, según podemos constarlo en el siguiente pasaje:

«Gocémonos y alegrémonos y démosle gloria; porque han llegado las bodas del Cordero, y su esposa se ha preparado. **Y a ella se le ha concedido que se vista de lino fino, limpio y resplandeciente**, porque el lino fino es las acciones justas de los santos. Y el ángel me dijo: Escribe: Bienaventurados los que son llamados a la cena de las bodas del Cordero. Y me dijo: **Estas son palabras verdaderas de Dios**» (Apocalipsis 19:7-9).

«**El que venciere será vestido de vestiduras blancas**; y no borraré su nombre del libro de la vida, y confesaré su nombre delante de mi Padre, y delante de sus ángeles» (Apocalipsis 3:5).

Al imaginar el cumplimiento de la promesa de Dios nos alegramos. Sin duda alguna experimentar la transformación de nuestro cuerpo físico en uno glorificado es algo tan grande, que no tiene comparación con nada, y no hay palabras que lo puedan expresar, tal y como lo dijo Pablo.

Así que, esto nos da pie a pensar que debemos examinarnos a nosotros mismos y comprobar si estamos caminando en la verdadera fe. Nadie en este mundo pasajero querría estar ajeno a esto; sin embargo, la realidad es que no muchos serán transformados en un cuerpo de gloria.

«**Examinaos a vosotros mismos si estáis en la fe**; probaos a vosotros mismos. ¿O no os conocéis a vosotros mismos, que Jesucristo está en vosotros, a menos que estéis reprobados?» (2 Corintios 13:5).

«Entrad por la puerta estrecha; porque ancha es la puerta, y **espaciosos el camino que lleva a la perdición, y muchos son los que entran por ella**» (Mateo 7:13).

¿Qué pasará con los muertos sin Cristo?

Pero, ¿qué pasará con los muertos que no murieron en Cristo, es decir, los muertos que no resucitaron en el día del arrebatamiento de la Iglesia?

Los muertos en Cristo resucitarán el día del arrebatamiento, pero los que murieron sin Cristo tendrán que esperar su resurrección hasta después de milenio.

Los muertos sin Cristo tendrán su resurrección luego que pasen los mil años del reinado de Cristo (el milenio). El reino de paz anunciado por los profetas mayores y menores del Antiguo Testamento, y luego confirmado por el libro de Apocalipsis.

El *milenio* es un tiempo de paz en la tierra que durará mil años. Las almas de aquellos que murieron *sin* Cristo estarán siendo atormentadas en el infierno durante este tiempo. Actualmente, así como el alma de los muertos *en* Cristo va al cielo y es consolada allá, el alma de aquellos que *no* murieron en Cristo está siendo atormentada en el infierno; así pues, los que ahora están en el infierno tendrán que continuar allí hasta que se cumpla el tiempo del milenio, y después serán resucitados para el juicio.

Todos aquellos que murieron *sin* Cristo resucitarán para volver a morir, a esto la Biblia le llama la *segunda muerte*. En cambio, los muertos *en* Cristo solo morirán una vez, no hay una segunda muerte para el cristiano.

Los que *no* murieron *en* Cristo sí tendrán que experimentar la *segunda muerte*; pero la Iglesia no, veamos:

«El que tiene oído, oiga lo que el Espíritu dice a las iglesias. **El que venciere, no sufrirá daño de la segunda muerte**» (Apocalipsis 2:11).

Los muertos *en* Cristo sólo morirán una vez, no hay una segunda muerte para los salvos.

¿Y qué significa esta *segunda muerte*? Los muertos *sin* Cristo serán resucitados después del milenio y después volverán a morir; pero los hijos de Dios resucitarán y jamás volverán a morir. Entonces surge otra pregunta: ¿Para qué los muertos *sin* Cristo resucitarán?

Los **otros muertos** (que resucitan después del milenio) resucitarán para juicio, para ser juzgados en el Gran trono blanco.

«***Y vi un gran trono blanco*** *y al que estaba sentado en él, de delante **del cual huyeron la tierra y el cielo**, y ningún lugar se encontró para ellos. **Y vi a los muertos, grandes y pequeños, de pie ante Dios**; y los libros fueron abiertos, y otro libro fue abierto, el cual es el libro de la vida; **y fueron juzgados los muertos por las cosas que estaban escritas en los libros, según sus obras**. Y el mar entregó los muertos que había en él... **y fueron juzgados cada uno según sus obras**. Y la muerte y el Hades fueron lanzados al lago de fuego. **Esta es la muerte segunda. Y el que no se halló inscrito en el libro de la vida fue lanzado al lago de fuego**»* (Apocalipsis 20:11-13).

Los muertos grandes y pequeños serán resucitados únicamente para recibir una sentencia y ser lanzados al lago de fuego, que es la muerte segunda. El lago de fuego no estará en la tierra, pues cuando este juicio tenga lugar no existirá la tierra, ya que tanto la tierra como el cielo habrán pasado.

La Biblia describe claramente que el infierno ahora se encuentra en el centro de la tierra, pero en cuanto al Lago de fuego, no lo sabemos. Sólo sabemos que al tiempo de este evento (el juicio del Gran trono blanco), el cielo y la tierra habrán pasado.

En el pasaje que acabamos de citar, el del juicio del Gran trono blanco, no es para los hijos de Dios, pues dice Apocalipsis 2:11 (que ya citamos también), que los hijos de Dios no participarán de la segunda muerte. Y también, ya que las promesas de Dios tanto para Israel como para la Iglesia se cumplen en el milenio, ninguno de los hijos de Dios (ni de los judíos que aman a Dios) podría estar todavía en la tumba durante este tiempo.

Los predicadores que serán desconocidos por Dios

Cabe mencionar aquí que en ese lugar tendrán parte no sólo aquellos que rechazaron completamente a Cristo, sino también aquellos que, aunque predicaron de Cristo, fueron falsos ministros. En cuanto a ellos, Jesucristo les dirá en aquel día: «*No os conozco*»; y ellos también experimentarán la segunda muerte.

> «*No todo el que me dice: Señor, Señor, entrará en el reino de los cielos, sino el que hace la voluntad de mi Padre que está en los cielos.* **Muchos** *me dirán en aquel día: Señor, Señor, ¿no* **profetizamos en tu nombre, y en tu nombre echamos fuera demonios, y en tu nombre hicimos muchos milagros?** *Y entonces les declararé:* **Nunca os conocí***, apartaos de mí, hacedores de maldad*» (Mateo 7:21-23).

Características de estas personas:

⇒ «*Profetizamos en tu nombre*» —predicaban la Palabra.

⇒ «*En tu nombre hicimos milagros*» —tenían el don de milagros (1 Corintios 12:28).

⇒ «*En tu nombre echamos fuera demonios*» —hacían muchos milagros, eran predicadores y los demonios les obedecían.

Si estos predicadores tenían dones, entonces ¿en qué fallaron? La clave está en el versículo 21: No hacían la voluntad del Padre. ¿Qué nos enseña la Palabra de Dios? Que es esencial hacer la voluntad de Dios. Y para hacer la voluntad de Dios es necesario conocer su Palabra.

Los dones no salvan, es Cristo quien salva, es la fe en Él. Y esto implica hacer lo que agrada a Dios, la obediencia a su Palabra. **Los dones no te conviertes en un mejor hijo de Dios; Él los regala, pero debemos administrarlos con responsabilidad.**

Estos predicadores hacían milagros y expulsaban demonios, pero Jesucristo les dijo: «*No os conozco*».

¿Cuál es la voluntad del Padre? Que conozcas su Palabra y te esfuerces por obedecerla. Jesucristo mismo dice que los dones no salvan.

«Pero no os regocijéis de que los espíritus se os sujetan, **sino regocijaos de que vuestros nombres están escritos en los cielos**» (Lucas 10:20).

Jesucristo separa ambas cosas. Dice: «No te alegres porque los demonios te obedecen, alégrate más bien porque tu nombre está escrito en el libro de la vida» (paráfrasis). Los predicadores de Matero 7:21 pudieron haberse alegrado porque los demonios les obedecían, pero esto no fue garantía de que su nombre estuviera permanentemente en el libro de la vida, pues Jesús dijo que lo más importante es que nuestro nombre esté escrito en los cielos, y para ello es indispensable vivir haciendo la voluntad de Dios.

Cuando Jesucristo dice: «*Y en aquel día muchos me dirán: Señor, Señor...*» se refiere al día del juicio del Gran trono blanco; y nótese que dice *muchos*, es decir, habrá muchos predicadores en esta condición. Estos predicadores estaban muy seguros de su salvación, tanto, que hasta reclamaban a Jesucristo en el día.

Le decían:
◊ ¡Predicábamos tu Palabra!
◊ ¡En tu nombre hicimos milagros!
◊ ¡En tu nombre echamos fuera demonios!
◊ Esto implica que:
◊ Tenían iglesias.
◊ Oraban.
◊ Cantaban alabanzas.
◊ Hablaban de Jesucristo.
◊ Se vestían como ángeles de luz.

Lo impactante de esto es que estos predicadores representan a muchos miembros de las iglesias; de esta manera la cantidad de personas en esta condición se multiplica.

> «***Ten cuidado de ti mismo y de la doctrina****; persiste en ello, pues haciendo esto, **te salvarás a ti mismo y a los que te oyeren**» (1 Timoteo 4:16).

Debemos meditar en la profecía respecto a la apostasía. Existen hoy en día muchas iglesias falsas con predicadores falsos. Predicadores que guían a iglesias que han dado lugar a satanás. ¿Cómo podemos identificar a estas iglesias? Preparándonos en la Palabra y siendo guiados por el Espíritu Santo.

A medida que pase el tiempo, los años y las décadas, se incrementará el engaño, y la confusión espiritual será mayor.

Mientras las almas de los muertos en Cristo estarán en consolación en el paraíso con Dios hasta el tiempo de la resurrección de sus cuerpos en el arrebatamiento de la Iglesia, las almas de todos aquellos que *no* murieron en Cristo estarán en el infierno; y estarán ahí hasta el tiempo de resucitar para condenación eterna.

Los predicadores de Mateo 7:21 resucitarán luego del milenio y al final de los tiempos para recibir su sentencia, y después serán lanzados al lago de fuego, que es la muerte segunda. La palabra *lanzados* implica ira y un juicio determinado.

¡Recuerden! Nosotros, los creyentes que vivimos en Cristo, no experimentaremos jamás la segunda muerte. Mientras que los predicadores de Mateo 7:21 le reclamarán a Jesucristo (en ese juicio tendrán permiso de hablar), pero Jesucristo les dirá: «No os conozco».

Algo muy importante aquí es el hecho de que estos predicadores siempre pensaron que eran salvos; ellos estaban seguros de su salvación, tanto, que lo expresarán el día del juicio. Pero seguramente ellos fueron engañados por el mismo satanás.

El proceso de juicio es similar al terrenal

Cuando una persona comete un delito el castigo es inmediato. Es arrestado y puesto en un sitio de detención, aunque aún no reciba una sentencia formal. De la misma manera, aquellos que murieron sin Cristo están siendo atormentados en el infierno ahora, en espera de un juicio. Este juicio no es para determinar si serán salvos o no, sino para recibir una sentencia. Luego del milenio, y al final de los tiempos, ellos resucitarán para ser enjuiciados y permanecer por la eternidad en el Lago de fuego, esta es la *segunda muerte*. Nadie será salvo en este juicio.

En la actualidad en algunos países han cambiado las leyes y las personas no entran a la cárcel hasta que se demuestra que son culpables; sin embargo, las leyes de Dios continúan siendo las mismas. Dios no cambia y sus palabras son verdaderas.

Ahora, antes de terminar este capítulo repasemos algunos conceptos clave:

⇒ Los hijos de Dios que **mueren en Cristo,** nacen dos veces (una físicamente y otra espiritualmente), **mueren una vez y resucitarán una vez.**

⇒ Los que **no** son hijos de Dios y los que **no** mueren en Cristo, **nacen una vez, mueren dos veces y resucitarán una vez.**

Veamos estos conceptos más de cerca:

<u>Los hijos de Dios</u>

Primer nacimiento: cuando nacen de forma natural.

Segundo nacimiento: cuando arrepentidos de sus pecados creen en Jesús como su único y suficiente salvador y mueren a sí mismos para vivir una vida nueva en Cristo.

> «*Respondió Jesús y le dijo: De cierto, de cierto te digo,* **que el que no naciere de nuevo, no puede ver el reino de Dios**» (Juan 3:3).

> «*De cierto, de cierto os digo: El que oye mi palabra, y cree en el que me envió, tiene vida eterna; y no vendrá a condenación,* **mas ha pasado de muerte a vida**» (Juan 5:24).

Una sola muerte: los muertos en Cristo sólo experimentarán la muerte física, la del cuerpo.

Una sola resurrección: en el arrebatamiento de la Iglesia (*los muertos en Cristo resucitarán primero*).

> «*Porque el Señor mismo con voz de mando, con voz de arcángel, y con trompeta de Dios, descenderá del cielo;* **y los muertos en Cristo resucitarán primero**» (1 Tesalonicenses 4:16).

La excepción a esta regla es la generación de gente salva en el tiempo del arrebatamiento, cuyos cuerpos serán transformados (*los que hayamos quedado seremos arrebatados*).

> «*Luego nosotros los que vivimos,* **los que hayamos quedado, seremos arrebatados** *juntamente con ellos en las nubes para recibir*

al Señor en el aire, y así estaremos siempre con el Señor» (1 Tesalonicenses 4:17).

Los que no son hijos de Dios (que no caminan con Cristo)

Primer nacimiento: cuando nacen de forma natural.

Segundo nacimiento: no tiene un segundo nacimiento.

Una sola resurrección: cuando son resucitados para ser juzgados ante el juicio del Gran trono blanco.

Primera muerte física: la muerte física del cuerpo. Éstos no tienen parte en el arrebatamiento de la Iglesia, por lo que sus cuerpos quedan todavía en la tumba hasta el día del juicio.

Segunda muerte: cuando son lanzados al lago de fuego después de recibir sentencia.

Termino este capítulo contestando tres preguntas importantes:

P **¿Cuándo se cumple la promesa de «seremos como los ángeles»**
⇒ Respuesta: En el arrebatamiento de la Iglesia.
P **¿Dónde tendrá lugar el cumplimiento de esta promesa?**
⇒ Respuesta: En al aire, en el instante mismo de ir a recibir al Señor Jesús.
P **¿Cómo será?**
⇒ Respuesta: la transformación del cuerpo físico a un cuerpo glorificado, de uno corrupto a uno incorrupto, de uno mortal a uno inmortal es algo imposible de explicar para nuestras mentes finitas. Tan sólo sabemos que este cuerpo será el que vestirá el lino fino, blanco y resplandeciente; y estaremos así listos para asistir a las bodas del Cordero.

Cuadro de temas principales

PROMESA CLAVE	→	«SEREMOS COMO LOS ÁNGELES»
Introducción	→	¿Por qué es importante estudiar el tema?
Estableciendo las bases	→	Fe + Arrepentimiento = obediencia y significa creer a las promesas bíblicas
El mundo invisible de Dios	→	Conocimiento de su operación
Los ángeles y sus misiones en la Biblia	→	Conocimiento de sus responsabilidades y obligaciones (pues seremos como ellos)
Ubicación cronológica de la promesa	→	Cuándo, cómo y dónde se cumple la promesa de Dios
Las obras y el Tribunal de Cristo	→	La relación de las obras con lo que haremos en el cielo
Las promesas de Dios para su Iglesia en el futuro	→	Análisis de las promesas de Dios para la Iglesia en el futuro
Resolución	→	¿En qué edifica mi vida conocer este tema?

5

LAS OBRAS Y EL TRIBUNAL DE CRISTO

¿Qué relación tienen nuestras obras aquí con lo que haremos en el cielo? Para contestar esta pregunta, antes que todo tenemos que establecer un principio fundamental: **Proseguir a la meta es un mandato**.

Si escudriñamos las Escrituras nos daremos cuenta de que en el Tribunal de Cristo se evaluarán nuestras obras, ¿cuáles obras? Las que Dios nos ordena hacer en su Palabra, en esto consiste primariamente la dirección del Espíritu Santo. Conocer el corazón de Dios y hacer lo que a Él le agrada es la meta de un Hijo de Dios y sus obras en Cristo serán tomadas en cuenta en el Tribunal de Cristo.

Todo cristiano debe estar consciente de esta evaluación y sus metas deben estar fijadas de acuerdo con la voluntad de Dios. El apóstol Pablo nos habla de la misión que él tenía que cumplir cuando dijo:

«No que lo haya alcanzado ya, ni que ya sea perfecto; sino que prosigo, por ver si logro asir aquello para lo cual fui también asido por Cristo Jesús. Hermanos, **yo mismo no pretendo haberlo ya alcanzado**, pero una cosa hago: olvidando ciertamente lo que queda atrás, y extendiéndome a lo que está

delante, **prosigo a la meta,** al premio del supremo llamamiento de Dios en Cristo Jesús. Así que, todos los que somos perfectos, **esto mismo sintamos;** y si otra cosa sentís, esto también os lo revelará Dios. Pero en aquello a que hemos llegado, sigamos una misma regla, **sintamos una misma cosa.** Hermanos, **sed imitadores de mí,** y mirad a los que así se conducen según el ejemplo que tenéis en nosotros. Porque por ahí andan muchos, de los cuales os dije muchas veces, y aun ahora lo digo llorando, que son enemigos de la cruz de Cristo; el fin de los cuales será perdición, cuyo dios es el vientre, y cuya gloria es su vergüenza; que sólo piensan en lo terrenal. **Mas nuestra ciudadanía está en los cielos, de donde también esperamos al Salvador, al Señor Jesucristo; el cual transformará el cuerpo de la humillación nuestra, para que sea semejante al cuerpo de la gloria suya,** por el poder con el cual puede también sujetar a sí mismo todas las cosas» (Filipenses 3:12-21).

Las obras

Las obras a las que se refieren las Escrituras son aquellas acciones que son hechas para el reino de Dios en Jesucristo.

«**Y cualquiera que os diere un vaso de agua en mi nombre**, porque sois de Cristo, de cierto os digo que **no perderá su recompensa**» (Marcos 9:41).

Una persona puede hacer obras que reflejen bondad y amor, pero no necesariamente por la dirección del Espíritu Santo y para gloria y honra de Jesucristo. Si no estamos en Jesucristo las obras que hagamos no tienen ningún valor ante Él y no generan galardón ninguno en el cielo, antes dice:

«Si bien todos nosotros somos como suciedad, y todas nuestras justicias como trapo de **inmundicia**» (Isaías 64:6).

Por otro lado, Dios conoce exactamente cuáles son las verdaderas intenciones de nuestras obras, pues la Palabra también nos dice:

«**Engañoso es el corazón más que todas las cosas,** y perverso; ¿quién lo conocerá? Yo Jehová, que escudriño la mente, que pruebo el corazón, para dar a cada uno según su camino, **según el fruto de sus obras**» (Jeremías 17:9-10).

Cuidar las verdaderas intenciones por las que servimos a Dios es sumamente importante, ya que las intenciones serán clave en el

Tribunal de Cristo. Por cierto, las obras que nosotros habremos de hacer están preparadas de antemano por Dios. Pero éstas no deben hacerse por un mero interés personal en las cosas terrenales, sino pensando en agradar a Dios y cumplir sus propósitos.

> *«Porque somos hechura suya, creados en Cristo Jesús para buenas obras,* **las cuales Dios preparó de antemano para que anduviésemos en ellas***»* (Efesios 2:10).

Nuestras obras pasarán por fuego para ser evaluadas en el Tribunal de Cristo. En este evento profético y real sufriremos pérdida si nuestras obras no pasan el proceso del fuego; mientras qué, si pasan la prueba, serán contadas para recibir recompensa, dando como resultado final una corona.

Antes que todo, debemos recordar que no somos salvos por obras, sino mediante la fe en Cristo.

> *«Porque* **por gracia sois salvos por medio de la fe***, y esto no de vosotros, pues es don de Dios;* **no por obras***, para que nadie se gloríe»* (Efesios 2:8-9).

Nadie se gana el cielo por un acto heroico o por un mérito personal, la salvación es un regalo de Dios, algo que no merecíamos y que nos fue otorgado por la excelencia del sacrificio de Jesucristo quien ocupó nuestro lugar en la cruz. Dios quiere que un cristiano tenga bien claro que la salvación no es por obras, **sino por la gracia de Dios**.

La carta de Santiago es clara cuando habla de aquello en lo que consiste la verdadera fe. La salvación es un regalo inmerecido por medio de la fe, y la fe tiene que ir acompañada de obras. Recordemos que Pablo dice: *«Examinaos a vosotros mismos si estáis en la fe»* (2 Corintios 13:5). El versículo de Santiago que nos habla de este tema es el siguiente:

> *«Porque como el cuerpo sin espíritu está muerto, así también* **la fe sin obras está muerta***»* (Santiago 2:26).

Los cristianos debemos examinarnos para comprobar si nuestra fe está acompañada de obras dignas de un hombre o mujer arrepentido(a), y si éstas están inspiradas en los propósitos divinos. La fe acompañada de obras es un factor muy importante al examinarnos y comprobar si estamos en la verdadera fe.

Dios ha preparado de antemano las obras que nos toca hacer a cada uno mientras transitamos por este mundo pasajero, pero ¿qué pasa? Hay cristianos que deciden hacer tales obras y otros que deciden dejarlas a medias o definitivamente no realizarlas (esto dentro de la voluntad permisiva de Dios).

Por ejemplo, Dios pone en mí la intención de publicar un libro para su honra y gloria; uno en donde se aclaren puntos importantes que muchas veces en las iglesias no se tocan. En mi caso podría tener la excusa de que no lo leerán y obtendré así una justificación aparentemente válida para no realizar la obra.

Algunos cristianos asumen que Dios:

◊ Debe impulsarles a realizar la obra.
◊ Debe acomodar todas las cosas para realizar la obra con facilidad.
◊ Al realizar la obra, hará que no existan obstáculos.
◊ Hará que todos estén contentos con la obra.
◊ Se tendrá abundancia de recursos.
◊ Habrá siempre un gran ejército de personas que cooperen en la obra.

Estos cristianos piensan que cuando se cumplan todos estos requisitos entonces es de Dios, y de otra manera no es de Dios.

Imagínate si el apóstol Pablo hubiera pensado de este modo, ¡simplemente el evangelio no hubiera sido predicado!

¡No, de ninguna manera! El apóstol Pablo fue determinado, tuvo infinidad de obstáculos, pero no esperó a que todas las cosas fueran favorables. No todos estaban contentos con sus acciones, pero él no esperaba a que todas las cosas fluyeran bien para predicar el evangelio. Él entendió bien esa Escritura que dice: «*Mira que te mando que te esfuerces y seas valiente...*» (Josué 1:9).

En la parábola de los talentos, que veremos más adelante, al siervo infiel Jesucristo lo describe como miedoso por esconder su talento.

Ante esto la pregunta que surge es: ¿Qué estás haciendo tú para el reino de Dios? Esta es una pregunta que nos hace reflexionar ya que poner la mirada en las cosas de arriba y hacer tesoros *en el cielo* es un mandato de Dios.

Nuestras obras no son para salvación, pero sí muy importantes para determinar qué harás en el cielo. ¿Cómo quieres ser llamado en el cielo? ¿Con un nombre grande o con un nombre pequeño? Recordemos que los ángeles tienen jerarquías; llámese serafines, querubines, arcángeles, principados, potestades, huestes, dominios y gobernadores. Recordemos también que satanás era un querubín grande, un jefe de querubines; sin embargo, se encontró maldad en su corazón y esta fue la razón de su caída (vanidad, orgullo, soberbia).

Ninguna obra en el cielo quedará sin recompensa, ninguna obra hecha en Jesucristo para el reino de Dios será pasada por alto. Por esto, es muy necesario entender en qué consiste el Tribunal de Cristo a fin de que nos sensibilicemos y meditemos en el valor que tienen nuestras obras para el futuro espiritual.

El Tribunal de Cristo

> «*Porque es necesario que todos nosotros compadezcamos ante el tribunal de Cristo*, para que cada uno reciba según lo que haya hecho mientras estaba en el cuerpo, sea bueno o sea malo» (2 Corintios 5:10).

¿Quién es el juez? El versículo lo dice con claridad: Cristo (el Tribunal de Cristo). ¿Para quién será este proceso? Para los hijos de Dios. Este proceso no es para saber quiénes son salvos y quienes no; más bien las personas que estarán en el Tribunal de Cristo son salvos. Los otros muertos, los incrédulos, ellos estarán en el juicio del Gran trono blanco luego del milenio. En el orden de acontecimientos el Tribunal de Cristo será antes del juicio del Gran trono blanco; y ahí se evaluarán nuestras obras y cada uno recibirá lo que le corresponde de acuerdo al juicio de Dios. Cada uno recibirá una corona a la cual nos hacemos merecedores desde el tiempo que estamos en la tierra, es por ello que Dios nos manda a cuidarla.

> «He aquí, yo vengo pronto; **retén** lo que tienes, **para que ninguno tome tu corona**» (Apocalipsis 3:11).

El versículo nos ordena a tener un celo santo por nuestra corona. Dios es un Dios celoso. Hay un celo que es agradable a Dios y éste consiste en estar atentos para que nadie tome nuestra corona. Un cristiano se esfuerza por agradar a Dios, tiene sus ojos puestos en Dios, pone su mira en las cosas de arriba, en hacer tesoros en el cielo y prosigue a la meta porque sabe que las promesas de Dios son fieles.

Antes de profundizar en el tema del Tribunal de Cristo es necesario entender claramente para quién es este proceso (la Iglesia universal de Jesucristo); y, ¿quiénes son parte de la Iglesia? Para comprender mejor esto veremos algunos versículos bíblicos clave.

Características de los integrantes de la Iglesia de Cristo:

1.- Los que reciben a Cristo y creen en su nombre

«*Mas a todos los que le recibieron,* a los que creen en su nombre, *les dio potestad de ser hechos hijos de Dios*» (Juan 1:12).

2.- Los que nacieron de nuevo

«Respondió Jesús y le dijo: De cierto, de cierto te digo, que **el que no naciere de nuevo, no puede ver el reino de Dios**» (Juan 3:3).

3.- Los convertidos al Señor, a quienes «el velo» les ha sido quitado

«*Pero cuando se conviertan al Señor,* el velo se quitará» (2 Corintios 3:16).

4.- Los que son guiados por el Espíritu Santo

«*Porque todos los que son guiados por el Espíritu Santo,* éstos son hijos de Dios» (Romanos 8:14).

5.- Los que hacen la voluntad de Dios

«No todo el que me dice: Señor, Señor, entrará en el reino de los cielos, **sino el que hace la voluntad de mi Padre** que está en los cielos» (Mateo 7:21).

6.- Los que obedecen su Palabra

«Y habiendo sido perfeccionado, **vino a ser autor de eterna salvación para todos los que le obedecen**» (Hebreos 5:9).

7.- Los que cuidan de su salvación con temor y temblor

«Por tanto, amados míos, como siempre habéis obedecido, no como en mi presencia solamente, sino mucho más ahora en mi ausencia, **ocupaos en vuestra salvación con temor y temblor**» (Filipenses 2:12).

8.- Los que aman a Dios y siguen sus mandamientos

«*El que tiene mis mandamientos, y los guarda, ese es el que me ama*, y el que me ama, será amado por mi Padre, y yo le amaré, y me manifestaré a él» (Juan 14:21).

9.- Los que no practican el pecado

«*El que practica el pecado es del diablo,* porque el diablo peca desde el principio. Para esto apareció el Hijo de Dios, para deshacer las obras del diablo. **Todo aquel que es nacido de Dios, no practica el pecado**, porque la simiente de Dios permanece en él; y no puede pecar, porque es nacido de Dios» (1 Juan 3:8-9).

10.- Los que no se avergüenzan del evangelio

«**Porque el que se avergonzare de mí y de mis palabras** en esta generación adúltera y pecadora, **el Hijo del Hombre** se avergonzará también de él, cuando venga en la gloria de su Padre con los santos ángeles» (Marcos 8:38).

11.- Los que son nacidos de agua y del Espíritu

«Respondió Jesús: De cierto, de cierto te digo, que **el que no naciere de agua y del Espíritu, no puede entrar en el reino de Dios**» (Juan 3:3-5).

12.- Los que confiesan a Jesucristo.

«**Que si confesares con tu boca que Jesús es el Señor**, y creyeres en tu corazón que Dios le levantó de los muertos, serás salvo» (Romanos 10:9).

Un cristiano cree en el poder sobrenatural de Dios. Él formó los cielos y la tierra; también todo el mundo natural y al hombre. Si Él tuvo poder para crear todo lo que vemos, sin duda alguna Él tuvo poder para dejar en su Palabra (la Biblia) las instrucciones de vida para el ser humano. Es por tanto indispensable creer a Dios, pues sin fe es imposible agradar a Dios.

«Pero **sin fe es imposible agradar a Dios**, porque es necesario que el que se acerca a Dios crea que le hay, y que es galardonador de los que le buscan» (Hebreos 11:6).

La Biblia es la instrucción de vida para el ser humano, y de ella echan mano los que quieren ser partícipes de la gran salvación que Dios ha provisto.

«**¿Cómo escaparemos nosotros, si descuidamos una salvación tan grande?** La cual, habiendo sido anunciada primeramente por el Señor, nos fue confirmada por los que oyeron» (Hebreos 2:3).

«**Si el justo con dificultad se salva**, ¿En dónde aparecerá el impío y el pecador?» (1 Pedro 4:18).

Es un mandato del Señor examinarnos a nosotros mismos para cerciorarnos de que estamos en la verdadera fe, pues somos salvos por gracia, **por medio de la fe**. La fe juega un papel trascendental en nuestra salvación. Los que tienen una verdadera fe estarán en el Tribunal de Cristo para que sus obras sean evaluadas.

¿Cómo será esta evaluación?

El capítulo 3 de 1 Corintios describe la naturaleza del proceso de evaluación de nuestras obras.

> «*Así que ni el que planta es algo, ni el que riega, sino Dios, que da el crecimiento. Y el que planta y el que riega son una misma cosa;* **aunque cada uno recibirá su recompensa conforme a su labor**. *Porque nosotros somos colaboradores de Dios, y vosotros sois labranza de Dios, edificio de Dios. Conforme a la gracia de Dios que me ha sido dada, yo como perito arquitecto puse el fundamento, y otro edifica encima;* **pero cada uno mire cómo sobreedifica**. *Porque nadie puede poner otro fundamento que el que está puesto,* **el cual es Jesucristo. Y si sobre este fundamento alguno edificare oro, plata, piedras preciosas, madera, heno, hojarasca, la obra de cada uno se hará manifiesta; porque <u>el día la declarará</u>, <u>pues por el fuego será revelada</u>**; *y la obra de cada uno cuál sea,* **<u>el fuego la probará</u>. Si permaneciere la obra de alguno que sobreedificó, <u>recibirá recompensa</u>. Si la obra de alguno se quemare, él sufrirá pérdida, si bien él mismo será salvo**, *aunque así como por fuego. ¿No sabéis que sois templos de Dios, y que el Espíritu de Dios mora en vosotros? Si alguno destruyere el templo de Dios, Dios le destruirá a él; porque el templo de Dios, el cual sois vosotros, santo es*» (1 Corintios 3:7-23).

Observaciones:

⇒ Cada quien recibirá su recompensa de acuerdo a su labor, es una corona individual. No es lo que haga tu pastor o líder en la iglesia, sino lo que estás haciendo tú para el reino de Dios (v. 8).

⇒ El fundamento lo puso Dios, y el fundamento es Jesucristo; luego, sobre este fundamento, cada uno mire cómo sobreedifica (v. 10).

⇒ Cuando Pablo dice: «**El día lo declarará**» se refiere al día del Tribunal de Cristo, después de la resurrección de los muertos que ocurrirá en el arrebatamiento de la Iglesia (v. 13).

⇒ Los materiales: oro, plata, piedras preciosas, madera, heno, hojarasca... (vv. 12-13). ¿Cuál es la interpretación de eso? Se refiere al grado de importancia y a su grado de resistencia al fuego.

Grado de importancia de las obras: hay obras que tienen un grado mayor de importancia que otras. ¿Vale el oro lo mismo que la plata o que las piedras preciosas? Esto evidentemente indica grados de importancia. Si una persona da un vaso de agua a otra, esto es una obra que no quedará sin recompensa; pero si una persona habla de la Palabra a otra y es instrumento de Dios para que ésta se convierta a Cristo, ¿qué obra tiene más valor? Recordemos que los ángeles hacen fiesta en el cielo cuando un pecador se arrepiente, pero ellos no hacen fiesta si tú das un vaso de agua.

Grado de resistencia al fuego: ¿Qué pasa cuando la madera, el heno y la hojarasca son pasadas por el fuego? El fuego las consume.

Comparemos dos ejemplos. Hay un evento en la iglesia y piden colaboradores. Si tú, en Cristo, participas con los alimentos esto tiene un valor. Por otro lado, si oras por un amigo inconverso, le hablas de Cristo y después tu amigo se arrepiente, esta obra tiene otro valor. Las almas son muy importantes para Dios.

Estas obras pasarán por fuego, el fuego las probará el día del Tribunal de Cristo. ¿Qué significa pasar por fuego las obras? Tal vez la persona que habló del evangelio al amigo lo hizo por orgullo, para gloriarse de que él tenía la razón al tiempo que trataba de convencer a su amigo de que él estaba equivocado. En este caso, quien habló del Señor lo hizo para alimentar su ego y no por amor a las almas. Hay personas que tienen en mente intereses meramente personales y se justifican haciendo cosas para Dios. Los predicadores de Mateo 7:21-22 son parte de estas personas; ¿crees que esto puede suceder entre los miembros de las iglesias?

Hay personas que trabajan en puestos importantes en las iglesias, pero su motivación es la ostentación de poder y no los intereses divinos. Dios ve las intenciones del corazón y la motivación principal cuando alguno realiza una obra.

A simple vista las personas suelen decir: «Mira, él está cumpliendo con la Gran comisión», o «Mira, él está trabajando para el Señor en la iglesia»; sin embargo, sólo Dios ve la verdadera intención, los motivos principales, Él ve el corazón de cada uno. Si la obra de alguno fue hecha con las intenciones equivocadas pasará por fuego y no prosperará, y éste sufrirá pérdida cuando esté en el Tribunal de Cristo.

Ahí posiblemente tendrá más valor la obra del colaborador (el del ejemplo), el que ayudó con los alimentos, y su recompensa será mayor que la del predicador. Recuerda, Dios no puede ser burlado.

«*No os engañéis;* **Dios no puede ser burlado**: *pues todo lo que el hombre sembrare, es también segará*» (Gálatas 6:7).

Existen predicadores en nuestros días que predican por negocio y comercializan con los dones y el evangelio. Las obras de estos hombres son monumentales a la vista de los hombres, pero no tienen valor en el mundo espiritual, el de Dios.

Hay músicos que participan en los equipos de alabanza en las iglesias por el mero interés de un sueldo; otros que lo hacen por vanagloria, para ser vistos por los demás, para que la gente alabe su «gran talento». ¿Qué sucederá en el Tribunal de Cristo con las obras de estas personas? Tal vez esas obras caigan en la categoría *de madera*, por ejemplo.

Si estas personas son aprobadas por Dios son salvas (aunque pueden ser disciplinadas por Dios, pues Él ama y disciplina a los suyos); pero si no son aprobadas por Dios no tendrán parte en el Tribunal de Cristo. Oremos por estas personas quienes, por falta de conocimiento, piensan estar agradando a Dios, pero no lo están (recordemos el ejemplo del becerro de oro, visto en el tema de los querubines). Dios corrige a sus hijos, pero Él no corregirá a los que no son hijos. Oremos por ellos.

«*No menosprecies, hijo mío,* **el castigo de Jehová**, *Ni te fatigues de* **su corrección**» (Proverbios 33:11).

«*Porque aún no habéis resistido hasta la sangre, combatiendo contra el pecado; y habéis ya olvidado la exhortación que como a hijos se os dirige, diciendo: Hijo mío,* **no menosprecies la disciplina del Señor, Ni desmayes cuando eres reprendido por él; Porque el Señor al que ama, disciplina, Y azota a todo el que recibe por hijo**. *Si soportáis la disciplina, Dios os trata como a hijos; porque ¿qué hijo es aquel a quien el padre no disciplina?* **Pero si se os deja sin disciplina**, *de la cual todos han sido participantes,* **entonces sois bastardos, y no hijos**» (Hebreos 12:4-8).

Si la obra pasa exitosamente por el fuego, quien hizo tal obra recibirá recompensa (v. 14). Sin embargo, si la obra no pasa la prueba del fuego sufrirá pérdida, aunque será salva, pues si está en el Tribunal de Cristo es porque ya fue aprobado (v. 15).

> «*Procura con diligencia presentarte a Dios aprobado*, como obrero que no tiene de qué avergonzarse, **que usa bien la palabra de verdad**» (2 Timoteo 2:15).

El Tribunal de Cristo no es para condenación ni para castigo, los cristianos no iremos al juicio del Gran trono blanco. Los pecados pasados, presentes y futuros de todo el mundo ya fueron pagados por Jesucristo en la cruz y la deuda de todos ya está saldada. ¡Esta es la gran noticia para el mundo! De esta manera, cuando un pecador viene a Cristo, y cree en Él, se arrepiente de todo corazón, Dios le da el regalo de la salvación y se convierte en un hijo de Dios. En ese momento es absuelto del pecado y el acta de los decretos que le era contraria —y que fue clavada en la cruz— se hace valedera para él. Él entonces es justificado ante Dios por su gracia. ¡Gloria a Dios! ¡El sacrificio de Jesucristo fue perfecto y fue hecho una sola vez y para siempre! Por tanto, los hijos de Dios han sido hechos libres del pecado y al estar en Tribunal de Cristo el pecado no tiene efecto sobre ellos en lo absoluto.

Si creemos que en el Tribunal de Cristo seremos acusados de algún pecado no estamos dimensionando en su totalidad el sacrificio perfecto de Jesucristo, quien pagó en la cruz por **todos** nuestros pecados. Todo aquel que es de Cristo ha sido crucificado con Él y ha sido también **resucitado con Él**, ha pasado de muerte a vida y **ya no hay más condenación**.

Y Cristo ha perdonado nuestros pecados, y no sólo los nuestros sino también los de todo el mundo, pues dicen las Escrituras:

> «Y él es **la propiciación por nuestros pecados**, y no solamente por los nuestros sino también por los de **todo el mundo**» (1 Juan 2:2).

Sin embargo, si un cristiano piensa que, debido a la gracia de Dios tiene libertad para pecar, ya que Jesucristo pagó el precio de todos los pecados del mundo, no ha comprendido el sacrificio de Jesucristo. Los pecados del mundo fueron la causa de que Jesucristo fuera crucificado, nosotros deberíamos estar en esa cruz. Así que si alguien piensa de esta manera es posible que nunca ha sido realmente salvo o bien ha equivocado el rumbo terriblemente, y el caso será que, si muere ahora o si en este momento viene el Señor, no participará en el Tribunal de Cristo, significando así su perdición eterna. ¡Este es un asunto bastante serio!

> «*Y a vosotros*, **estando muertos en pecados** *y en la incircuncisión de vuestra carne, os dio vida juntamente con él*, **perdonándoos**

*todos los pecados, anulando el acta de los decretos que había contra nosotros, **que nos era contraria**, quitándola de en medio y clavándola en la cruz, y despojando a los principados y a las potestades, los exhibió públicamente triunfando sobre ellos en la cruz»* (Colosenses 2:13-15)

*«Porque seré propicio a sus injusticias, **Y nunca más me acordaré de sus pecados y de sus iniquidades**»* (Hebreos 8:12).

*«**Siendo justificados gratuitamente por su gracia**, mediante la redención que es en Cristo Jesús»* (Romanos 3:24).

*«Pero Cristo, habiendo ofrecido **una vez para siempre un solo sacrificio por los pecados**, se ha sentado a la diestra de Dios, de ahí en adelante esperando hasta que sus enemigos sean puestos por estrado de sus pies; porque con **una sola ofrenda hizo perfectos para siempre a los santificados [nosotros]**»* (Hebreos 10:12-14).

Nuestras obras pasarán por el fuego del escrutinio del Señor en el Tribunal de Cristo, pero ¿qué es lo que se evaluará ahí? La Biblia no establece con exactitud lo que será evaluado en el Tribunal de Cristo; sin embargo, podemos tener algunas pistas importantes en este respecto. Veamos.

¿Qué será evaluado en el Tribunal de Cristo?

Nuestro carácter

Uno de los principales propósitos de la enseñanza bíblica es desarrollar el carácter de Jesucristo en nosotros; recordemos que hemos sido llamados a ser imitadores de Jesucristo.

La Palabra de Dios nos ayuda a desarrollar el carácter de Jesucristo: santo, puro, perfecto, misericordioso. Él nos dejó su ejemplo cuando caminó por esta tierra durante treinta y tres años; mayormente en su ministerio (aproximadamente tres años y medio). Sin duda un criterio de evaluación en el Tribunal de Cristo será qué tanto nos acercamos a su carácter. Pablo dijo: *«Sed imitadores de mí, así como yo lo soy de Cristo»* (1 Corintios 11:1).

Jesucristo estuvo determinado en su propósito; asimismo, Pablo lo estuvo, ¿estás tú también determinado ha hacer la voluntad de Dios?

*«**Sed imitadores** de mí, así como yo de Cristo»* (1 Corintios 11:1).

*«Hasta que todos lleguemos a la unidad de la fe **y del conocimiento del Hijo de Dios, a un varón perfecto, a la***

medida de la estatura de la plenitud de Cristo» (Efesios 4:13).

Si Dios te preguntara en aquel día, ¿cuánto te pareciste a mi Hijo? ¿qué le contestarás?

<u>Perfeccionar la santidad</u>
Dios es un Dios santo. En la escena del cielo en Apocalipsis 4, los seres vivientes que ahí se presentan no cesan de decir: «Santo, santo, santo es el Señor».

Pablo exhorta a la Iglesia a perfeccionar la santidad. Cuando somos justificados somos declarados santos (apartados para Dios), pero Pablo claramente dice que debemos perfeccionar la santidad. Sin duda alguna la santidad es algo muy importante en el cielo, dado que los ángeles alaban la santidad de Dios. Todos los que hemos recibido a Jesucristo se nos dio derecho a ser hijos de Dios, pero no todos tenemos el mismo grado de santidad, por eso somos llamados a perfeccionarla. Esto será un factor de evaluación en el Tribunal de Cristo.

¿En qué consiste la santidad? Consiste en hacer lo que agrada a Dios alejándonos del pecado. Sin embargo, sin el conocimiento bíblico esto no es posible, ya que, ¿cómo entonces sabrías lo que agrada a Dios y lo que no? Así que, para vivir una vida de santidad es necesario el conocimiento de la Palabra de Dios y la dirección del Espíritu Santo. Al conocer su Palabra lo que sigue es decidir hacer lo que agrada a Dios y *no* hacer lo que le desagrada. De esta manera perfeccionas tu santidad, la cual, en el ámbito espiritual, es un factor alabado por los ángeles del cielo y es un mandato de Dios para sus hijos.

> «*Así que, amados, puesto que tenemos tales promesas, limpiémonos de toda contaminación de carne y de espíritu,* **perfeccionando la santidad en el temor de Dios**» (2 Corintios 7:1).
>
> «*Porque escrito está: Sed santos, porque yo soy santo*» (1 Pedro 1:16).
>
> «*Porque el que me envió,* **conmigo está***, no me ha dejado solo el Padre,* **porque yo hago siempre lo que le agrada**» (Juan 8:29).

Un hijo de Dios que durante su vida se esforzó por perfeccionar su santidad personal, por morir a la carne y agradar a Dios, sin duda tendrá su recompensa. Dios no pasará por alto su fe.

<u>El cumplimiento de la gran comisión</u>
La Iglesia ha sido llamada a predicar el evangelio. Es el deber del cristiano llevar las buenas nuevas a todo el mundo.

La Iglesia es la luz del mundo y la sal de la tierra, y es nuestra responsabilidad decir a todos lo que Dios ha hecho por nosotros y lo que puede hacer por ellos. «*Dios... manda a todos los hombres en todo lugar, que se arrepientan*» (Hechos 17:30); pero, «*¿cómo oirán sin haber quien les predique*» (Romanos 10:14). Por tanto, es el deber de todo cristiano anunciar las buenas nuevas; no es el deber sólo del pastor, sino de todos en la iglesia.

También, un cristiano debe denunciar las prácticas y los mensajes (dados en nombre de Dios) que no concuerdan con la Palabra. Jesucristo lo hizo, Pablo lo hizo, por tanto, a un cristiano le debería indignar la aplicación errónea de la Palabra. Sin embargo, para poder hacer tal labor es necesario conocer bien la Palabra, y ¿quiénes son los responsables de esta labor? ¿sólo los pastores? No, también la Iglesia es llamada a esta labor.

Empecemos por nuestra familia, por los que nos rodean. Desarrollemos proyectos para predicar la Palabra hasta los confines de la tierra. Recordemos el proverbio que dice que es de sabios ganar almas.

«*El fruto del justo es árbol de vida;* **Y el que gana almas es sabio**» (Proverbios 11:30).

«*Y les dijo:* **Id por todo el mundo y predicad el evangelio a toda criatura**» (Marcos 16:15).

«*Sepa que el que* **haga volver al pecador del error** *de su camino,* **salvará de muerte un alma, y cubrirá multitud de pecados**» (Santiago 5:20).

No siempre el quedarse callado es agradable a los ojos de Dios; así que, si haces volver a un pecador del error cubrirás muchos pecados.

Seguramente en el Tribunal de Cristo Jesucristo te preguntará: «¿A cuántas personas les hablaste de mí?», «¿Las personas en tu entorno sabían que yo soy tu Señor y tu salvador?», «les declaraste mi voluntad a las personas que yo puse en tu camino, las cuales estaban caminando por un camino de error?».

Pablo se refiere a los filipenses como corona suya. Fue un gozo para Pablo recordar que a través de él ellos conocieron el evangelio llamándolos «corona mía».

«*Así que, hermanos míos amados y deseados,* **gozo y corona mía**, *estad así firmes en el Señor, amados*» (Filipenses 4:1).

«*Porque ¿cuál es nuestra esperanza,* **o gozo, o corona de que me glorie**? *¿No lo sois vosotros, delante de nuestro Señor Jesucristo, en su venida? Vosotros sois nuestra gloria y gozo*» (1 Tesalonicenses 2:19, 20).

<u>La piedad</u>
Otro factor seguramente presente en el Tribunal de Cristo será la piedad.

«*Porque el ejercicio corporal para poco es provechoso,* **pero la piedad para todo aprovecha, pues tiene promesa en esta vida presente, y de la venidera**» (1 Timoteo 4:8).

El ejercicio de la piedad tiene promesa valedera cuando seamos como los ángeles del cielo; por tanto, deberá ser un punto de evaluación en el Tribunal de Cristo.

«*Mas cuando hagas banquete,* **llama a los pobres, los mancos, los cojos y los ciegos**; *y serás bienaventurado; porque ellos no te pueden recompensar,* **pero te será recompensado en la resurrección de los justos**» (Lucas 14:13-14).

¿Cuándo te será recompensado? En la resurrección de los justos. ¿Cuándo será la resurrección de los justos? En el arrebatamiento de la Iglesia. Este versículo nos ayuda a reforzar el asunto del orden cronológico de los acontecimientos.

¿Cuándo serán recompensadas nuestras acciones piadosas? Serán recompensadas en la resurrección de los justos. Por tanto, podemos concluir que el Tribunal de Cristo es el siguiente evento profético luego de que nuestros cuerpos sean trasformados de corruptibles a incorruptibles, de mortales a inmortales, cuando nuestros cuerpos se transformen en cuerpos de gloria, así como los ángeles del cielo.

<u>La administración de los talentos y dones</u>
No te hace más hijo de Dios tener más talentos o dones que otros, ni menos hijo de Dios tener menos; lo importante es cómo administraste lo que Dios te dio en vida de acuerdo a tu capacidad.

La parábola de Jesús en relación a este tema es clara y comienza diciendo, «*el reino de los cielos es semejante...*». Lo más importante que podemos aprender en esta parábola es el principio de administración: no es la cantidad de dones o talentos que tengas, sino qué hiciste con ellos, y al que más se le da más se le demanda.

A un siervo fiel al que se le dio mucho y que administró bien sus talentos se le recompensará de acuerdo a su buena administración; pero también quien recibió pocos talentos y no los administró bien será demandado por el Señor por ello. Administrar bien los dones y talentos significa que éstos fueron usados con la intención de favorecer el reino de Dios (lo eternal), y no con intenciones meramente terrenales (lo temporal); o bien si no fueron usarlos en lo absoluto. Recordemos que los predicadores de Mateo 7:21 tenían dones y talentos.

> «*Porque el reino de los cielos es* como un hombre que yéndose lejos, llamó a sus siervos y les entregó sus bienes. ***A uno dio cinco talentos, y a otro dos, y a otro uno, a cada uno conforme a su capacidad***; y luego se fue lejos. Y el que había recibido cinco talentos fue y negoció con ellos, ***y ganó otros cinco talentos.*** Asimismo el que ***había recibido dos, ganó también otros dos.*** Pero ***el que había recibido uno fue y cavó en la tierra, y escondió el dinero de su señor.*** Después de mucho tiempo vino el señor de aquellos siervos, y arregló cuentas con ellos. Y llegando el que había recibido cinco talentos, trajo otros cinco talentos, diciendo: Señor, cinco talentos me entregaste; aquí tienes, he ganado otros cinco talentos sobre ellos. Y su señor le dijo: ***Bien, buen siervo y fiel; sobre poco has sido fiel, sobre mucho te podré; entra en el gozo de tu señor.*** Llegando también el que había recibido dos talentos, dijo: Señor, dos talentos me entregaste; aquí tienes, he ganado otros dos talentos sobre ellos. Su señor le dijo: Bien, buen siervo y fiel; sobre poco has sido fiel, sobre mucho te podré; entra en el gozo de tu señor. Pero llegando también el que había recibido un talento, dijo: Señor, te conocía que eres hombre duro, que siegas donde no sembraste y recoges donde no esparciste; ***por lo cual tuve miedo, y fui y escondí tu talento en la tierra; aquí tienes lo que es tuyo.*** Respondiendo su señor, le dijo: ***Siervo malo y negligente***, sabías que siego donde no sembré, y que recojo donde no esparcí. Por tanto, debías haber dado mi dinero a los banqueros, y al venir yo, hubiera recibido lo que es mío con los intereses. ***Quitadle, pues, el talento, y dadlo al que tiene diez talentos.*** Porque al que tiene, le será dado, y tendrá más; y al que no tiene, aun lo que tiene le será quitado» (Mateo 25:14-28).

<u>¿Qué hiciste para mi reino?</u>
Seguramente Jesucristo nos hará esta pregunta, aunque Él tenga conocimiento de todas las cosas, aún de aquellas que nosotros mismos

no tenemos noción. Recuerda que nada quedará sin recompensa, aun un vaso de agua que hayas dado a un necesitado. Si ante esta pregunta tú contestaras: «Señor, creí en ti y fui a la iglesia los domingos», ¿será esto suficiente?

Jesucristo te dirá: «La salvación es mi regalo, no se trata de una obra tuya, fue mi sacrificio en la cruz lo que hizo que fueras salvo, es un regalo, algo que te di por gracia». Y luego, Él te preguntará: «¿Qué hiciste para mi reino **después** de contar con una salvación tan grande?»

Debemos meditar en lo que hemos hecho para el reino de Dios, no porque Dios necesite nuestras obras, sino porque nosotros necesitamos las obras de Jesucristo, pues la fe sin obras es muerta.

Cada uno tendrá su propia corona, pues la evaluación que Dios hará es algo individual, no grupal. No porque el pastor de la iglesia a donde asistes es muy reconocido o muy activo y hace grandes obras para Dios significa automáticamente que cada uno de sus miembros recibirá parte de su corona. Se trata de una evaluación individual, una corona personal. Así que todo cristiano debería estar preocupado por no llegar al Tribunal de Cristo con las manos vacías.

¿Qué tan victorioso fuiste ante el pecado?

> **«Bienaventurado el varón que soporta la tentación**; *porque cuando haya resistido la prueba,* **recibirá la corona de vida**, *que Dios ha prometido a los que le aman»* (Santiago 1:12).

Si eres fiel a su Palabra hasta la muerte recibirás la corona de la vida.

> «*No temas en nada lo que vas a padecer. He aquí, el diablo echará a algunos de vosotros en la cárcel, para que seáis probados, y tendréis tribulación por diez días.* **Sé fiel hasta la muerte, y yo te daré la corona de la vida**» (Apocalipsis 2:10).

Una orden que Dios ha dado a sus hijos mediante el apóstol Pablo la encontramos en Romanos y dice que presentemos nuestros cuerpos en sacrificio vivo. Es decir, tenemos que morir al pecado, y para esto necesitamos dejar de alimentarlo. El pecado se gesta primero en el corazón, es un proceso; un proceso nocivo que no agrada a Dios. No sólo el pecado físico o externo en sí, sino todo el pecado que se gesta en el corazón; y que, por supuesto, no agrada a Dios.

> «*Así que, hermanos, os ruego por las misericordias de Dios, que* **presentéis vuestros cuerpos en sacrificio vivo, santo, agradable a Dios**, *que es vuestro culto racional»* (Romanos 12:1).

¿Se cumplió el propósito de Dios en ti?

El mayor éxito que una persona puede tener es permanecer en la voluntad de Dios, pues lo importante es lo espiritual, no lo terrenal. ¿Dónde está tu corazón? ¿dónde está puesta tu mirada? ¿en dónde estás haciendo tus tesoros?

Cuando andas en la voluntad de Dios prospera tu alma, pero cuando no, tu alma se queda sin crecimiento. El mayor éxito para una persona es hacer la voluntad de Dios. Pero, ¿cómo podemos estar seguros de que estamos en la voluntad de Dios? En la medida que conozcamos su Palabra también podremos tener certeza de que estamos haciendo la voluntad de Dios. Por otro lado, el conocimiento de la Palabra que fue bien aplicado será tomado en cuenta en el Tribunal de Cristo. Si un cristiano dedicó mucho tiempo al estudio de las Escrituras con los propósitos correctos, esto le será reconocido en el cielo. Así también, el galardón para un cristiano que poco se preocupó por crecer en el conocimiento de la Palabra seguramente será menor.

Necesitamos conocer las Escrituras para andar en la voluntad de Dios; recordemos que por falta de conocimiento el pueblo de Dios pereció (Isaías 5:13). Andar en la voluntad de Dios significa *hacer* lo que Él diga, *cuando* Él lo diga y *como* Él lo diga.

Hacer la voluntad de Dios es la prioridad de un cristiano y para ello, el conocimiento de la Palabra y la dirección del Espíritu Santo son factores determinantes. Cuando andamos en la voluntad de Dios Él cumple su propósito en nosotros; pero si no, entonces, por nuestra propia desobediencia, el propósito de Dios para nosotros se demora o se frustra. Cuando estemos en el Tribunal de Cristo se nos revelará si alcanzamos este propósito o si nos quedamos a medio camino.

Cada cristiano es especial para Dios y Él tiene un plan perfecto para cada uno. Pide a Dios en oración que quite de tu vida lo que estorba para alcanzar ese propósito, que Él te ayude a alcanzar el propósito para el cual fuiste llamado.

«***Jehová cumplirá su propósito en mí***; *Tu misericordia, oh Jehová, es para siempre; No desampares la obra de tus manos*» (Salmos 138:8).

El pueblo de Israel nos sirve de ejemplo: necesitó cuarenta años para llegar a la tierra prometida, cuando ese recorrido lo podría haber hecho en tres meses.

Dominio propio

Dios quiere que cada cristiano manifieste el fruto del Espíritu. Esto es algo que produce el Espíritu Santo en nosotros; nosotros no podemos producirlo, porque es el fruto *del* Espíritu. El fruto del Espíritu está en contraposición con las obras de la carne, las cuales son resultado de una vida cristiana descuidada o bien, de los esfuerzos personales para agradar a Dios, por eso, luego de que Pablo nos da una lista de las obras de la carne agrega: «Pero si sois guiados por el Espíritu, no estáis bajo la ley» (Gálatas 5:18). Estar bajo la ley produce las obras de la carne; mientras que vivir una vida dominada por el Espíritu produce el fruto del Espíritu. Todo lo que Dios ha escrito en su Palabra es para que nosotros lo vivamos; no se trata de teorías, sino de realidades que son posibles mediante la ayuda sobrenatural de Dios en nosotros.

«Mas el fruto del Espíritu es amor, gozo, paz, paciencia, benignidad, bondad, fe, mansedumbre, templanza; contra tales cosas no hay ley» (Gálatas 5:22-23).

De entre los aspectos del fruto del Espíritu Santo el último mencionado —la templanza— es uno de los más difíciles de desarrollar; sin embargo, Dios nos lo dará mediante la fe en Él. Sin duda alguna el fruto del Espíritu tiene que ver con el carácter cristiano y algo que seguramente será tomado en cuenta en el Tribunal de Cristo.

Tan sólo Dios conoce los corazones y quienes realmente poseen dominio propio. Nosotros podemos ver la apariencia, pero Dios conoce el corazón de cada uno. Gracias a Dios que el fruto del Espíritu es para todos y cada uno de nosotros puede tenerle mediante la fe; y en el fruto del Espíritu está incluido ese aspecto tan importante, el dominio propio.

«Como todas las cosas que pertenecen a la vida y **a la piedad** *[factor a evaluar]* **nos han sido dadas por su divino poder***, mediante el* **conocimiento** *[factor determinante] de* **aquel que nos llamó por su gloria y excelencia***, por medio de las cuales nos ha dado* **preciosas y grandísimas promesas** *[vida eterna, cuerpo transformado en gloria, ver cara a cara a Dios y muchas más], para que por ellas llegaseis a ser participantes* **de la naturaleza divina** *[versículo clave ejemplo: "seremos como los ángeles"],* **habiendo huido de la corrupción que hay en el mundo a causas de la concupiscencia***, vosotros también, poniendo toda diligencia por esto mismo, añadid a* **vuestra** *fe [factor*

determinante para salvación] **virtud; a la virtud, conocimiento** [conocer a Dios siendo guiados por el Espíritu Santo]; **al conocimiento, dominio propio, al dominio propio, paciencia; a la paciencia, piedad; a la piedad, afecto fraternal; y al afecto fraternal, amor.** *Porque si estas cosas están en vosotros, y abundan, no os dejarán estar ociosos ni sin fruto en cuanto* **al conocimiento de nuestro Señor Jesucristo»** (2 Pedro 1:3-8).

En este pasaje la palabra *conocimiento* se repite indicando con ello la importancia de que el cristiano obtenga conocimiento de parte de Dios mediante su Palabra; este conocimiento es indispensable para hacer lo que a Dios le agrada. Desde luego que el conocimiento en sí no salva; sin embargo, el conocimiento que es aplicado a la realización de los propósitos divinos es útil para obtener de Dios una gran recompensa en el cielo. Si la pregunta es *¿qué estás haciendo para el reino de Dios?* La respuesta implica conocer de antemano, *qué es lo que Dios quiere que tú hagas*, tal y como lo dice el apóstol Pablo.

«*Todo aquel que lucha, de todo se abstiene; ellos, a la verdad,* **para recibir una corona corruptible**, *pero nosotros, una incorruptible. Así que, yo de esta manera corro, no como a la ventura; de esta manera peleo*, **no como quien golpea el aire»** (1 Corintios 9:25-26).

Pienso que esta corona que menciona Pablo está muy relacionada con el dominio propio, pues el ejemplo que él utiliza implica que, para obtener el premio, es necesario desarrollar disciplina y autocontrol; un atleta jamás logrará tener buenos resultados sino desarrolla estas dos cualidades.

¿A qué equivale tener autocontrol, templanza o dominio propio en el cristiano? Equivale a hacer siempre lo que agrada a Dios ante cualquier circunstancia.

«*Porque el que me envió, conmigo está; no me ha dejado solo el Padre,* **porque yo hago siempre lo que le agrada»** (Juan 8:29).

<u>El amor</u>

La mayor de las expresiones del fruto del Espíritu es el amor. El amor está presente en los dos grandes mandamientos. «*Amarás al Señor tu Dios con todo tu corazón... Amarás a tu prójimo como a ti mismo*» (Mateo 22:37-39). También las Escrituras dicen:

«*Si yo hablase lenguas humanas y angélicas,* **y no tengo amor**, *vengo a ser como metal que resuena, o címbalo que retiñe. Y si* *tuviese profecía, y entendiese todos los misterios y toda ciencia, y si tuviese toda la fe, de tal manera que trasladase los montes, **y no tengo amor**, nada soy. Y si repartiese todos mis bienes para dar de comer a los pobres, y si entregase mi cuerpo para ser quemado, **y no tengo amor**, de nada me sirve. **El amor es sufrido, es benigno; el amor no tiene envidia, el amor no es jactancioso, no se envanece; no hace nada indebido, no busca lo suyo, no se irrita, no guarda rencor; no se goza de la injusticia, mas se goza de la verdad. Todo lo sufre, todo lo cree, todo lo espera, todo lo soporta. El amor nunca deja de ser,** pero las profecías se acabarán, y cesarán las lenguas, y la ciencia acabará»* (1 Corintios 13:1-8).

El amor será sin duda un tema central en el Tribunal de Cristo. El amor de Dios fue el que nos salvó; fue el amor de su Hijo Jesucristo, quien, en obediencia al Padre, nos libró de la condenación eterna. El amor es aquello de lo que proviene nuestra esperanza, por su amor es que Él nos ha dado sus promesas.

Una pregunta importante será, ¿cuántos pecados cubriste con tu amor?

«*Y ante todo,* **tened entre vosotros ferviente amor; porque el amor cubrirá multitud de pecados**» (1 Pedro 4:8).

La oración

Hemos estado hablando de la importancia del conocimiento bíblico, pero otro de los aspectos fundamentales en la vida cristiana es la oración. La Biblia contiene mandatos específicos para mantener una sana comunión con Dios. ¿Cuánto tiempo dedicaste a la oración en tu vida? La oración es un acto de fe muy importante mediante el cual hablamos con el Dios invisible. Y es un acto de fe porque estamos actuando en base a lo que no se ve (Dios), y la definición de la fe es *la convicción de lo que no se ve* (Hebreos 11:1).

La Biblia contiene innumerables recomendaciones respecto a cómo debemos orar y del poder de la oración. Así que si Jesucristo preguntará: «¿Cuánto tiempo pasaste a solas conmigo?», ¿qué le responderías?

Todos los grandes hombres y mujeres de Dios son —y han sido— hombres y mujeres de oración, de poderosa oración. Ellos oran de acuerdo a los propósitos divinos. Ten por seguro que Dios no pasará por alto todas las cargas que dejaste ante Él en oración. Él no pasará por alto todas aquellas buenas obras por las que oraste. Él tomará en cuenta los días que oraste de todo corazón por tus enemigos; cuando oraste por las almas perdidas que te rodeaban, cuando demostraste amor por ellas, Dios te alabará por ello. Así es que la pregunta es: **¿Cuánto tiempo pasas a solas con Dios?**

También Dios ve tus tiempos de ayuno por peticiones especiales. Éstos son sacrificios espirituales de olor fragante a Dios. Él sabe si perdonaste de todo corazón a los que te ofendieron. Recordemos al profeta Daniel, él oraba intercediendo por los pecados de su pueblo y por los suyos; él pedía misericordia a Dios para su pueblo y por su propia vida. De él el Señor se refiere como «muy amado». Y tú, ¿has intercedido que Dios perdone los pecados de tu prójimo tanto como los tuyos propios? ¿has intercedido en oración por tu iglesia?

Hay innumerables cosas por las que un cristiano debe orar y ayunar, es decir, pasar tiempos a solas con Dios, ¿cuánto tiempo has pasado humillado ante Dios en cualquier situación, ya sea por agradecimiento, por alabanza, por deshago, por peticiones personales o en cualquier otra situación? Dios ve tu fe cada vez que oras humillado y en profunda reverencia ante Él; y sin duda tus tiempos a solas con el Señor serán tomados en cuenta en el Tribunal de Cristo.

Existen muchos versículos bíblicos que hablan de la necesidad de orar siempre. El mismo Hijo de Dios oró a su Padre y luego, los apóstoles siguieron su ejemplo. También ellos pedían a las iglesias que oraran por ellos. Los apóstoles de Cristo mantuvieron una vida de constante oración y ayuno. ¿Cuántas veces fuimos capaces de venir ante el trono de Dios Todopoderoso con nuestras oraciones y peticiones?

Los pastores y los ancianos tienen una corona esperándolos

Como lo mencionamos anteriormente, los pastores que cumplieron con su llamado serán llamados grandes en el cielo. Estas son personas que tomaron la decisión de dedicar su vida a la obra de Dios y Él no pasará por ato esta decisión. También se evaluará si cumplieron con excelencia su responsabilidad; ahí se conocerá si su llamado fue genuino, pues existen pastores cuyo llamamiento no es genuino.

Los pastores tienen la encomienda de predicar la Palabra tal y como es, y su motivación nunca debe ser lo material. La motivación principal debe ser la carga por las almas, porque Dios seguramente les pedirá cuentas de sus ovejas; su interés debe ser tener una iglesia llena de personas transformadas por el evangelio y sus predicaciones deben llamar al arrepentimiento y a la santidad.

Ellos deben ser mediadores y pacificadores en su iglesia, y predicar con firmeza la verdad de la Palabra de Dios. No pueden caer en la tentación de predicar lo que la gente quiere escuchar, sino lo que Dios quiere decir a través de su Palabra. Para ellos hay una corona esperándolos, y Dios no dejará sin recompensa justa a los que decidieron seguirlo a Él a tiempo completo. Ellos son llamados a ser grandes en el cielo.

> «*Ruego a los ancianos que están entre vosotros, yo anciano también con ellos*, y testigo de los padecimientos de Cristo, que soy también participante de la gloria que será revelada: **Apacentad la grey de Dios que está entre vosotros**, cuidando de ella, **no por fuerza, sino voluntariamente; no por ganancia deshonesta**, sino con ánimo pronto; **no como teniendo señorío sobre los que están a vuestro cuidado**, sino siendo ejemplos de la grey. Y cuando aparezca el Príncipe de los pastores, **vosotros recibiréis la corona incorruptible de gloria**» (1 Pedro 5:1-4).

La verdad absoluta de su Palabra

A un hijo de Dios le interesa la verdad absoluta de la Palabra de Dios. La Biblia contiene una sola verdad; no son muchas verdades, Dios tiene una sola verdad, y Él no es Dios de confusión sino de paz.

Dios no nos da varias opciones a elegir, no tenemos varias opciones para elegir en qué creer. Y esta es la razón porque el hombre ha creado muchas religiones, porque tuercen las Escrituras y presentan interpretaciones erradas de ésta.

Hoy cada quien puede determinar su propia verdad en proporción a su conocimiento; cada quien puede razonar y presentar una opinión e interpretar la Biblia de distintas maneras; inclusive, de un mismo versículo se pueden extractar varias interpretaciones. Es posible que un versículo o un capítulo de la Biblia contenga varias enseñanzas que concuerden con el corazón de Dios, pero por regla general éstas son enseñanzas que están respaldadas por el tenor general de la Biblia.

Ahí es donde entra en juego el Espíritu Santo. Él es quien nos lleva a toda la verdad y nos revela todas las cosas, Él nos lleva a la verdad de Dios, a su propio corazón. Es por ello que es indispensable asirnos del Espíritu Santo y seguir la verdad en amor (Efesios 4:15).

Se puede decir que hay pastores y ovejas que están más cerca de la verdad que otros, y seguramente esto no será pasado por alto en el Tribunal de Cristo. Sabemos que el conocimiento por sí sólo no salva, pero el conocimiento bien aplicado agrada a Dios. Es por ello que a un cristiano le interesa llegar a la verdad absoluta de Dios y adquirir conocimiento con humildad mediante la dirección del Espíritu Santo.

Pondré un ejemplo para ilustrar lo que estoy explicando ahora. *¿Quién es Israel ahora?*

Postura 1: La Iglesia es hoy el Israel espiritual; y en la actualidad Israel no es el pueblo de Dios, sino es la Iglesia quien lo ha sustituido desde el día del pentecostés. Así, siendo que la Iglesia es el Israel espiritual, todas las promesas concernientes a Israel son ahora de la Iglesia.

Postura 2: Israel sigue siendo el pueblo escogido de Dios e Israel, como nación, tiene promesas de las cuales la Iglesia no es partícipe. El plan de Dios para Israel (su pueblo) no ha terminado, sino que todavía hay muchas promesas que habrán de cumplirse, sólo que ahora espera hasta que llegue el tiempo de *la plenitud de los gentiles* (cuando termine el período de la gracia el plan de Dios con Israel —como nación— sea reactivado).

Si nos basamos en la postura 2 entonces Israel es el termómetro de Dios para los tiempos proféticos, mientras que para la postura 1 lo que suceda con Israel no tiene ninguna relevancia, pues ya terminó el plan de Dios para ella. Estas dos posturas pueden tener sus variantes, pero muchas de las interpretaciones parten de estas dos ideas fundamentales.

Ahora bien, ¿le deberá interesar este tema a un hijo de Dios? ¿por qué es importante esto para mi relación con Dios? A un hijo de Dios debe preocuparle lo que suceda con la nación de Israel, pues ésta sigue estando en el corazón de Dios. ¿Cómo ve Dios a Israel en la actualidad? La respuesta a esta pregunta debe ser exactamente la perspectiva de un cristiano respecto a Israel.

Una de estas dos posturas es errónea, y es deber del cristiano escudriñar la verdad de Dios y conocer las consecuencias de no tener a Israel en el lugar que le corresponde hoy. Podrá haber cristianos que nos les interese, concluyan que no es importante, se rehúsen a adquirir conocimiento sobre el tema y sostengan así una postura equivocada. En cambio, hay cristianos que tienen a Israel en el lugar que le corresponde —en el corazón de Dios— y son partícipes de las bendiciones que ello conlleva. Este ejemplo nos lleva a la pregunta ¿qué le agradaría más a Dios? Esta debe ser, para cada uno de nosotros, una pregunta central.

Así tenemos hoy en día muchos temas con distintas posturas, y mantenerse al margen no es la posición que agrada a Dios, ya que somos llamados a conocer al Dios que nos creó escudriñando su Palabra. Dios quiere mostrarnos la verdad y que alcancemos un conocimiento pleno de ella en toda humildad. Puesto que es la voluntad de Dios que crezcamos en conocimiento, esto podría ser también uno de los puntos a calificar en el Tribunal de Cristo. Tal vez en este caso la pregunta sea: «¿Qué tanto te acercaste a la verdad absoluta de mi Palabra?».

Por tanto, ¿cuál es el deber del cristiano? Escudriñas las Escrituras, pedir la dirección del Espíritu Santo; orar en el Espíritu; anhelar siempre hacer la voluntad de Dios desde lo profundo de su corazón. De esta manera, el Espíritu Santo le guiará a toda la verdad.

> «*El que quiera hacer la voluntad de Dios, conocerá si la doctrina es de Dios*, o si yo hablo por mi propia cuenta. El que habla por su propia cuenta, su propia gloria busca; **pero el que busca la gloria del que le envió, éste es verdadero, y no hay en él injusticia**» (Juan 7:17-18).

Si realmente anhelas en lo profundo de tu corazón hacer la voluntad de Dios, sabrás si la doctrina es verdadera (tal y como lo dice Juan 7:17-18). Y esto no se trata tan solo de un conocimiento sin provecho, sino que, el conocimiento pleno de la verdad de Dios traerá para ti muchas bendiciones, no sólo en este mundo, sino en el siglo venidero (Jeremías 9:24).

La cronología bíblica del Tribunal de Cristo

Hasta aquí hemos estado meditando sobre los temas de ¿*cómo* serán evaluadas nuestras obras? Y ¿*qué* será evaluado en el Tribunal de Cristo? Ahora analizaremos ¿*cuándo* tendrá lugar el Tribunal de Cristo?

Sabemos que la Iglesia irá a las bodas del Cordero, y que el tribunal será antes de este acontecimiento, ya que no iremos a las bodas del Cordero sin antes ser evaluados. En Apocalipsis 4 aparecen los ancianos que representan la Iglesia. Éstos aparecen con coronas en sus cabezas, las cuales ellos lanzan al trono donde está Jesucristo sentado; y en Apocalipsis 19 la novia aparece desposada, es decir, en Apocalipsis 19 ya tuvieron lugar las bodas del Cordero y las coronas ya fueron entregadas.

> «***Y cuando aparezca el Príncipe de los pastores***, *vosotros recibiréis la corona incorruptible de gloria*» (1 Pedro 5:4).

Y ¿cuándo aparece el Príncipe de los pastores (Jesucristo)? Aparece en el arrebatamiento de la Iglesia.

> «*Por lo demás, me está guardada* **la corona de justicia**, *la cual me dará el Señor, juez justo,* **en aquel día**; *y no sólo a mí, sino también a todos los que aman su venida*» (2 Timoteo 4:8).

¿Cuándo se entregará la corona? En aquel día, y ¿cuál es *aquel día*? El día del Tribunal de Cristo. Así, en un orden cronológico de acontecimientos, el Tribunal de Cristo tendrá lugar inmediatamente después de la resurrección de los muertos. **Nadie hasta ahora ha ido al Tribunal de Cristo,** pues esto será después del arrebatamiento.

> «*Asidos de la palabra de vida, para que en* **el día de** *Cristo yo pueda gloriarme de que no he corrido en vano, ni en vano he trabajado*» (Filipenses 2:16).

El apóstol Pablo dice a los filipenses: «En el día de Cristo». El *día de Cristo* es el día de Tribunal de Cristo. Es ahí donde nos podremos gloriar de lo que hicimos en vida para el reino de Dios y confirmaremos que nuestro trabajo no fue en vano.

Todas nuestras obras en Cristo serán reunidas el día de Cristo para recibir nuestras coronas. Sabemos que las obras no salvan; también sabemos que la salvación no se obtiene por actos heroicos; sin embargo, también hemos comprendido que las obras tienen mucha importancia para el cristiano. Ganar almas para Cristo; hacer la voluntad de Dios; cumplir nuestro propósito en la vida; desarrollar el carácter de Cristo; crecer en conocimiento; orar y ayunar; desarrollar el dominio propio; aplicar la Palabra; amar a nuestro prójimo; ser piadosos con nuestros semejantes (más con los que no tienen posibilidades de devolver el favor), todas estas cosas serán tomadas en cuenta en el Tribunal de Cristo.

Busca la sabiduría de Dios

Trabajar en vida con temas eternos hará que nuestro <u>nombre nuevo en el cielo sea llamado grande</u>. Por tanto, debemos exhortarnos a no correr en vano y a hacer obras dignas de un cristiano arrepentido. ¿Cómo sabemos que no estamos corriendo en vano? Aplicando el conocimiento correcto de la Palabra de Dios; y no basados en nuestras propias opiniones, o criterios o nuestra propia prudencia (Proverbios 3:5).

Pablo dice que él se esforzaba por no vivir *golpeando al aire*; esto es, andar en su propia opinión. ¿Qué es lo que nos enfoca en las cosas eternas? La instrucción para el ser humano, la Biblia. Si queremos agradar a Dios en lo que hacemos y si queremos hacer obras que permanezcan luego de ser pasadas por fuego en el Tribunal de Cristo, necesitamos aplicar el conocimiento de la Palabra de Dios (la sabiduría de Dios, la perspectiva de Dios).

> *«Así que, yo de esta manera corro, no como a la ventura; de esta manera, peleo,* **no como quien golpea al aire**» (1 Corintios 9:26).

Tú puedes pedir a Dios en oración que te de sabiduría y Él no te la negará. Pero esta no llegará por arte de magia, Dios no trabaja de esa manera. Dios es quien va desarrollando tu carácter e implantará en ti el anhelo de escudriñar su Palabra; también te pondrá cerca de personas sabias, poseedoras de una sana doctrina, para que puedas aprender. Si realmente tienes la intención de andar en la voluntad de Dios, ora a Él y Él te concederá las peticiones de tu corazón.

Cuando uno que lucha falla sus golpes, se cansa y se desanima más rápido. Pablo así nos dice que podemos estar haciendo cosas *pensando* que agradamos a Dios, pero que realmente *no* es así. Hacer lo que agrada a Dios en tu carrera como cristiano conlleva al otorgamiento de bendiciones y a alcanzar la meta, aunque no dejará de haber pruebas.

Toda persona, para andar en la carrera que lleva a la vida eterna necesita nacer de nuevo y correr entonces con paciencia y sabiduría la carrera del cristiano. También el apóstol Pablo llama a la vida cristiana la *batalla de la fe*; asimismo la vida cristiana es comparada a **la lucha de un atleta.**

> «**He peleado la buena batalla**, he acabado la carrera, he guardado la fe» (2 Timoteo 4:7).

> «*Y también el que lucha como atleta,* **no es coronado si no lucha legítimamente**» (2 Timoteo 2:5).

La guerra que agrada a Dios es la que se libra espiritualmente, y allí sólo es posible ganar cuando usamos las armas que Él nos ha dado. ¿Qué es lo que la gente del mundo puede entender sobre esta lucha?

Nada; sin embargo, nosotros sí la entendemos, por lo tanto, tenemos que lucharla, *no como quien golpea al aire*, sino con las armas de Dios. Tenemos que tener sabiduría divina para ser victoriosos.

> «**Porque no tenemos lucha contra sangre y carne**, *sino contra principados, contra potestades, contra los gobernadores de las tinieblas de este siglo contra huestes espirituales de maldad en las regiones celestes*» (Efesios 6:12).

Las coronas

En la última sección de este capítulo explicaré un poco respecto a las cinco clases de coronas que son mencionadas en las Biblia.

1.- La corona de vida

> «*Bienaventurado el varón que soporta la tentación; porque cuando haya resistido la prueba,* **recibirá la corona de vida**, *que Dios ha prometido a los que le aman*» (Santiago 1:12).

Santiago nos dice que esta corona la recibirán todos aquellos que sean victoriosos de las tentaciones que el enemigo nos presenta. Cristo fue victorioso de toda tentación y Él nos ha dado su Espíritu para que nosotros lo seamos también.

2.- La corona de gloria

> «*Apacentad la grey de Dios que está entre vosotros, cuidando de ella, no por fuerza sino voluntariamente; no por ganancia deshonesta, sino con ánimo pronto; no como teniendo señorío sobre los que están a vuestro cuidado, sino siendo ejemplos de la grey. Y cuando aparezca el Príncipe de los pastores,* **vosotros recibiréis la corona incorruptible de gloria**» (1 Pedro 5:2-4).

El apóstol Pedro nos habla de una corona que recibirán los pastores y ancianos que cuiden voluntariamente de la grey de Dios, y que sean ejemplo para ella. Qué importante es tener entre nosotros pastores que cumplan con su llamado eficientemente. Ellos serán galardonados por el Señor.

3.- La corona incorruptible

> «*¿No sabéis que los que corren en el estadio, todos a la verdad corren, pero uno solo se lleva el premio? Corred de tal manera que lo obtengáis. Todo aquel que lucha, de todo se abstiene; ellos, a la verdad, para recibir una corona corruptible,* **pero nosotros una incorruptible**» (1 Corintios 9:24-25).

Esta corona le tocará a todo aquel cristiano que corre la carrera cristiana con disciplina y abnegación. Pablo dice por el Espíritu que, así como los atletas se separan del resto dejando de vivir una vida de goces temporales a fin de obtener un premio terrenal, así el cristiano es separado para Dios, no sólo del pecado, sino aun de los placeres que son lícitos a fin de dedicarse a servir al Señor; él tiene una meta en mente: obtener la *corona incorruptible* que el Señor le dará en aquel día.

4.- La corona de justicia

«Por lo demás, **me está guardada la corona de justicia**, la cual me dará el Señor, juez justo, en aquel día; y no sólo a mí, sino también **a todos los que aman su venida**» (2 Timoteo 4:8).

En este pasaje Pablo dice a Timoteo que esta corona la obtendrán todos aquellos que aman la venida del Señor. Hay cristianos que no quieren hablar siquiera de este tema; pero nosotros meditemos en este pasaje, ¿realmente tú amas la venida del Señor?

5.- La corona de gozo

«Porque *¿cuál es nuestra esperanza, o gozo, o corona de que me gloríe?* ¿No lo sois vosotros, delante de nuestro Señor Jesucristo, en su venida? Vosotros sois nuestra gloria y gozo» (1 Tesalonicenses 2:19-20).

Pablo dice en la venida del Señor él estará gozoso de ver a las almas que ganó para Cristo, y él será galardonado por ello. ¡Que precioso será ver las almas que ganamos para Cristo ahí también, delante del Señor, salvos y vestidos de vestiduras blancas para gozar juntamente con nosotros por toda la eternidad!

Teniendo semejantes promesas de Dios respecto a nuestros galardones, ¡¿cómo no habremos de cuidar de nuestra salvación y de nuestro trabajo para el Señor?! ¡Cuida tu corona!

«He aquí, yo vengo pronto; retén lo que tienes, **para que ninguno tome tu corona**» (Apocalipsis 3:11).

En este libro he estado desarrollando lo concerniente a una pregunta central: ¿cómo quieres ser llamado en el cielo? Es importante estar conscientes de lo que hemos aprendido acerca del Tribunal de Cristo, ante el cual todo cristiano victorioso y fiel necesitará compadecer. De esta pregunta central se derivan estas otras que nos ayudan a comprender el tema con más exactitud:

1.- ¿Qué es el Tribunal de Cristo?
2.- ¿Para qué es el Tribunal de Cristo?
3.- ¿Cuándo será el Tribunal de Cristo?
4.- ¿Quiénes estarán presentes en el Tribunal de Cristo?
5.- ¿Qué será evaluado en el Tribunal de Cristo?
6.- ¿Cómo se evaluarán las obras en el Tribunal de Cristo?
7.- ¿Qué se nos dará luego de la evaluación?
8.- Al Tribunal de Cristo, ¿iremos con nuestro cuerpo transformado?
9.- ¿Cuáles son los tipos de coronas que menciona la Biblia?
10.- ¿Por qué son tan importantes las obras aquí teniendo en mente el Tribunal de Cristo?
11.- ¿El juicio del Gran trono blanco es lo mismo que el Tribunal de Cristo?
12.- ¿Cuál es la cronología de los acontecimientos, es decir, del Tribunal de Cristo y del juicio del Gran trono blanco?

Hasta aquí espero que lo que hemos visto nos ayuda a responder adecuadamente a estas preguntas. Ahora, en el siguiente capítulo discutiremos el tema de las promesas de Dios para el futuro espiritual.

Cuadro de temas principales

PROMESA CLAVE	➡	«SEREMOS COMO LOS ÁNGELES»
Introducción	➡	¿Por qué es importante estudiar el tema?
Estableciendo las bases	➡	Fe + Arrepentimiento = obediencia y significa creer a las promesas bíblicas
El mundo invisible de Dios	➡	Conocimiento de su operación
Los ángeles y sus misiones en la Biblia	➡	Conocimiento de sus responsabilidades y obligaciones (pues seremos como ellos)
Ubicación cronológica de la promesa	➡	Cuándo, cómo y dónde se cumple la promesa de Dios
Las obras y el Tribunal de Cristo		La relación de las obras con lo que haremos en el cielo
Las promesas de Dios para su Iglesia en el futuro	➡	Análisis de las promesas de Dios para la Iglesia en el futuro
Resolución	➡	¿En qué edifica mi vida conocer este tema?

6

LAS PROMESAS DE DIOS PARA SU IGLESIA EN EL FUTURO ESPIRITUAL

La Biblia contiene miles de promesas que son valederas para el cristiano que camina con el Señor y le sirve con fidelidad. Mientras que algunos han fijado un número tan alto como 30,000 promesas (lo cual sería demasiado, puesto que la Biblia completa contiene 31,103 versículos), otros han fijado distintas cifras. Herbert Lockyer, en su libro *All the promises of the Bible* [Todas las promesas de la Biblia], cuenta de un maestro de Ontario Canadá, Evertt R. Storms, que encontró, luego de leer la Biblia veintisiete veces, 8,810 promesas.

En la Biblia podemos encontrar promesas personales, para la familia, para la Iglesia, para las naciones, para Israel, para los hijos de Dios. Promesas para los hombres; promesas para las mujeres; promesas para los matrimonios. Para los pastores, para los incrédulos, para los demonios y para satanás. En este capítulo estemos hablando sobre las promesas de Dios para la Iglesia.

La promesa más grande

La promesa más grande de Dios para sus hijos es la promesa de salvación, la vida eterna en presencia de Dios y de nuestro Señor Jesucristo. La mayor promesa que encontramos en las Escrituras es que, si creemos en Jesucristo como nuestro único y suficiente salvador, seremos salvos.

«Porque de tal manera amó Dios al mundo, que ha dado a su Hijo unigénito, **para que todo aquel que en él cree, no se pierda, más tenga vida eterna**» (Juan 3:16).

También tenemos la parte contraria a esa promesa; ni no creemos (éste es el más grande pecado del ser humano, no creer), ya hemos sido condenados.

«El que en él cree, no es condenado; **pero el que no cree, ya ha sido condenado**, *porque no ha creído en el nombre del unigénito Hijo de Dios»* (Juan 3:18).

Una de las más grandes interrogantes del ser humano de todos los tiempos ha sido qué será después de la muerte; y la respuesta a esta pregunta ha sido objeto de muchas teorías. Sin embargo, para el cristiano la vida después de la muerte es una realidad innegable, es una verdad expresada por Dios mismo, el Creador. Todo cristiano que ha creído en Cristo tiene la plena seguridad de que tiene vida eterna en la presencia de Dios al permanecer tomado de la mano de Señor.

Cuando un cristiano permanece en Cristo (en la fe del Hijo de Dios) no tiene porqué —ni puede— dudar de la promesa de vida eterna de Dios, pues es la promesa más grande dada por Él jamás expresada para sus hijos. Y si acaso tuviera alguna duda, necesita ir a la Palabra para fortalecer su fe y orar al Señor (pues eso sería señal de que su fe se está debilitando). La base de todas las promesas de la Biblia es la resurrección de los muertos; por tanto, si yo, por ejemplo, tuviere duda respecto a este fundamento, todas las demás promesas de la Biblia se derrumbarán también para mí. La resurrección de los muertos es la base de las promesas de Dios para sus hijos.

Asimismo, si tuviere duda de si Dios formó o no los cielos y la tierra, por consecuencia dudaré también de la Palabra de Dios en general; esto es: si dudo sobre el Génesis, dudaré de todos los demás libros de las Escrituras. Por tanto, nuestro fundamento es la fe.

«Pero sin fe es imposible agradar a Dios; **porque es necesario que el que se acerca a Dios crea que le hay**, *y que es galardonador de los que le buscan»* (Hebreos 11:6).

La Biblia contiene promesas que se han cumplido a través de la historia, contiene promesas que se están cumpliendo en el presente; sin embargo, en lo que resta de este capítulo estaremos analizando las promesas que no se han cumplido en relación con la Iglesia. Las promesas de Dios para los vencedores en Cristo Jesús.

Jesucristo dijo que todo lo que está escrito en su Palabra se cumplirá; pero las promesas que estaremos viendo en este capítulo se refieren a las promesas que pertenecen a la Iglesia después de la resurrección de los muertos (la Iglesia victoriosa).

Recordemos que este tema es clave para cumplir el propósito de este libro, el cual es descubrir, mediante las Escrituras, lo que haremos en el cielo. Así, la fórmula que rige este libro es la siguiente: La promesa clave [serán como los ángeles] + un análisis del mundo espiritual + una descripción general del Tribunal de Cristo + el descubrimiento de las promesas de Dios para la Iglesia en el futuro = resolución. Repasemos algo de lo que ya hemos visto y prosigamos con el resto de las promesas.

En la resurrección seremos como los ángeles

Sabemos que después de la resurrección de los muertos seremos como los ángeles del cielo; en un abrir y cerrar de ojos seremos transformados.

> «*Porque en la resurrección* ni se casarán ni se darán en casamiento, sino **serán como los ángeles de Dios en el cielo**» (Mateo 22:30).

Sabemos que después de la resurrección de los muertos pasaremos de la mortalidad a la inmortalidad; de la ley terrenal actual, a las leyes espirituales; de la corrupción a la incorrupción de un cuerpo glorificado semejante al de los ángeles y al de Cristo.

> «*El cual transformará el cuerpo de la humillación nuestra, para que sea semejante al cuerpo de la gloria suya*, por el poder con el cual puede también sujetar a sí mismo todas las cosas» (Filipenses 3:21).

Los que esperan en Jehová tendrán nuevas fuerzas

> «*Pero los que esperan a Jehová* **tendrán nuevas fuerzas;** *levantarán alas como las águilas; correrán, y no se cansarán; caminarán, y no se fatigarán*» (Isaías 40:31).

La promesa de Dios escrita por el profeta Isaías nos revela en distintas palabras lo que Jesucristo dijo, *en la resurrección serán como los ángeles*.

1.- Tendremos nuevas fuerzas.

2.- Volaremos como las águilas.

3.- No nos cansaremos.

Estas son algunas de las características de los ángeles, por esto era necesario investigar respecto a ellos en la Biblia, es decir, respecto al mundo invisible. En muchas ocasiones, por el desconocimiento bíblico tendemos a espiritualizar lo que no entendemos; sin embargo, este versículo es textual. Sabemos que seremos como los ángeles del cielo en la resurrección, sabemos de las características de los seres celestiales, sabemos que pasaremos a estar regidos por leyes distintas a las que estamos sujetos actualmente, a un mundo que no comprendemos hoy, pero que de él, Dios nos ha dejado cierto conocimiento en su Palabra.

Como humanos ahora solo conocemos en parte, pero llegará el día que veremos a plenitud las promesas de Dios, cuando éstas tengan su cumplimiento.

*«Ahora vemos por espejo, **oscuramente**; mas entonces veremos cara a cara. Ahora conozco en parte; pero **entonces conoceré como fui conocido**»* (1 Corintios 13:12).

Luego del comienzo del cumplimiento de esta promesa (pues veremos su rostro por la eternidad), iremos a cenar con Jesucristo, una cena en donde nos ha prometido que Él mismo vendrá a servirnos.

«Bienaventurados aquellos siervos a los cuales su señor, cuando venga, halle velando; de cierto os digo que se ceñirá, y hará que se sienten a la mesa, y vendrá a servirles» (Lucas 12:37).

Después de la cena sigue el Tribunal de Cristo, la entrega de los galardones y luego las bodas del Cordero. Posteriormente, la Iglesia, la desposada, irá con Cristo para reinar con Él en la tierra por mil años.

La Iglesia gobernará con Jesucristo por mil años

La Iglesia gobernará con Jesucristo por mil años en la tierra, y así se establecerá el mundo de paz anunciado por los profetas del Antiguo Testamento y confirmado por el libro de Apocalipsis.

*«**Bienaventurado y santo** el que tiene parte en **la primera** resurrección; la segunda muerte no tiene potestad sobre éstos, **sino que serán sacerdotes de Dios y de Cristo, y <u>reinarán con él mil años</u>**»* (Apocalipsis 20:6).

Al observar este versículo podemos entender la importancia de entender los conceptos de «primera resurrección» y «segunda muerte», a fin de entender las promesas de Dios para el futuro. Algunos han dicho que el milenio lo estamos viviendo ahora, en nuestros días; sin embargo, Dios llamará a cuentas a todos los que enseñan semejante error. Para un cristiano es muy importante acercarse a la verdad bíblica, la verdad de Dios, porque esto redunda en muchas bendiciones. Jesucristo gobernará con la Iglesia en el milenio. Para entonces la Iglesia ya ha sido transformada y tendrá las capacidades que ahora tienen los seres celestiales. Este gobierno cumplirá con lo profetizado en la Biblia, el mundo de paz que habrá en la tierra por mil años.

Jesucristo nos dará autoridad sobre las naciones

«Al que venciere y guardare mis obras hasta el fin, **yo le daré autoridad sobre las naciones, y las regirá con vara de hierro, y serán quebradas como vaso de alfarero**; como yo también la he recibido de mi Padre» (Apocalipsis 2:26-27).

¿A qué naciones se refiere? A las que Dios establezca para poblar la tierra en el milenio, luego del juicio que menciona Mateo, uno del que la Iglesia será testigo.

Dios ha dicho que los redimidos recibirán autoridad sobre las naciones, y se entiende que estas naciones son las que estarán presentes en el milenio. Una mala interpretación, que por cierto se relaciona con la apostasía actual, es la que dice que este versículo se aplica a este tiempo; es decir, que Dios nos hará gobernar las naciones hoy y que tendremos influencia y poder en los puestos políticos, y que con ese poder nosotros habremos de cambiar el mundo. Esta interpretación es totalmente incorrecta, pues la promesa dice con claridad que **Jesucristo gobernará junto con su Iglesia con vara de hierro después de su segunda venida, no antes.**

Hoy la Iglesia es llamada a predicar la Palabra, no a gobernar las naciones. La Iglesia gobernará las naciones, esto es cierto, pero en el tiempo de Dios. Por tanto, quienes enseñen que el reinado de Jesucristo con su Iglesia se presenta en nuestros días están enseñando algo totalmente fuera de la enseñanza bíblica.

Plan de Dios para lograr un mundo de paz

Jesucristo y su Iglesia gobernarán con vara de hierro a las naciones. Cada ciudad en la tierra será gobernada con firmeza y tenacidad por los santos quienes con sabiduría han usado sus talentos que recibieron de acuerdo a sus capacidades. Las naciones se deberán ajustar a las reglas establecidas por Dios y la desobediencia será castigada de inmediato. Así será como se cumplirá la profecía respecto al mundo de paz descrito en la Biblia. Veamos un poco sobre el plan perfecto de Dios para el milenio.

La Iglesia será arrebatada por Jesucristo para ir al cielo y reinará con Él en el reinado milenario. Es por ello que, desde que una persona se convierte al Señor, Dios la empieza a preparar para reinar con Él. Esta preparación incluye sufrimiento, pues nos dicen las Escrituras: «*Si sufrimos, también reinaremos con él*» (2 Timoteo 2:12).

La Iglesia pasará por varias etapas: el arrebatamiento (y la resurrección de los muertos en Cristo); en ese momento recibiremos cuerpos de gloria, cuerpos inmortales y seremos como los ángeles de cielo. Será en este nuevo estado que participaremos de una gran cena en donde Jesucristo mismo vendrá a servirnos.

> «*Bienaventurados aquellos siervos a los cuales su señor, cuando venga,* **halle velando***, de cierto os digo que se ceñirá,* **y hará que se sienten a la mesa, y vendrá a servirles**» (Lucas 12:37).

Después iremos al Tribunal de Cristo, se evaluarán nuestras obras, se nos dará nuestra corona, y tendremos un nombre nuevo (grande o pequeño) e iremos a las bodas del Cordero. En ese momento estaremos listos para gobernar como reyes y sacerdotes con Jesucristo.

El pasaje de Mateo 25 se refiere a un segundo juicio (el primero es el del Tribunal de Cristo, pero ése es para recompensar a los santos). A este segundo juicio se le suele llamar «el juicio de las naciones»; este será un juicio que se presentará mil años antes del juicio del Gran trono blanco en donde se separarán «las ovejas de los cabritos». En éste la Iglesia regresará con Jesucristo, y el Señor juzgará a las naciones al término de la gran tribulación. Y al separar a las ovejas de los cabritos, Jesucristo dejará las ovejas para que habiten la tierra durante el milenio; mientras que los cabritos (los de la izquierda) serán lanzados al fuego eterno, es decir, al infierno (Mateo 25:41).

La Biblia dice en 1 Corintios 6:2 que los redimidos juzgarán al mundo (y aún a los ángeles, según 1 Corintios 6:3); y en Apocalipsis 20:4 el apóstol Juan vio tronos en los que se sentaron *aquellos que tenían facultad para juzgar*. También Jesús prometió a los apóstoles que ellos juzgarían a las doce tribus de Israel (Mateo 19:28); por tanto, es seguro que aquellos que reciban de parte de Dios la facultad para juzgar juzgarán al mundo. Inclusive, soy de la opinión que aquellos que Dios determine que tengan facultad de juzgar juzgaremos en este juicio mencionado en Mateo 25.

> «Entonces el Rey dirá a los de su derecha: Venid, benditos de mi Padre, **heredad el reino preparado para vosotros desde la fundación del mundo**. Porque tuve hambre, y me disteis de comer; tuve sed, y me disteis de beber; fui forastero, y me recogisteis; estuve desnudo, y me cubristeis; enfermo, y me visitasteis; en la cárcel, y vinisteis a mí. Entonces los justos le responderán diciendo: Señor, ¿cuándo te vimos hambriento, y te sustentamos, o sediento, y te dimos de beber? ¿Y cuándo te vimos forastero, y te recogimos, o desnudo, y te cubrimos? ¿O cuándo te vimos enfermo, o en la cárcel, y vinimos a ti? Y respondiendo el Rey, les dirá: De cierto os digo que en cuanto lo hicisteis a uno de estos mis hermanos más pequeños, a mí lo hicisteis. Entonces dirá también a los de la izquierda: **Apartaos de mí, malditos, al fuego eterno preparado para el diablo y sus ángeles**» (Mateo 25:34-41).

¡Entender este proceso es fascinante! Las naciones que sobrevivan a la gran tribulación —las que Jesucristo aparta a su derecha— tienen un perfil de bondad; ellos entendieron durante la tribulación que Dios es real y creyeron en Jesucristo. Fueron piadosos con sus semejantes e imitadores del Señor. La Biblia describe que durante la tribulación morirán gran parte de los pobladores de la tierra, y de ahí unos irán a la condenación eterna y otros a la dicha eterna; sin embargo, no todos morirán, al final de la tribulación habrá sobrevivientes. La tribulación no es el fin del mundo, es sólo una etapa más dentro del plan perfecto de Dios para la humanidad. Esa etapa será muy dolorosa porque habrá sufrimiento como nunca antes lo ha habido. Los juicios de Dios son fieles y verdaderos y al término de la tribulación se cumplirán las palabras de Apocalipsis 19.

> «**Entonces vi el cielo abierto**, y he aquí un caballo blanco, y el que lo montaba se llamaba Fiel y Verdadero, **y con justicia juzga y pelea**. Sus ojos eran como llama de fuego, y había en su cabeza muchas diademas; y tenía un nombre escrito que ninguno conocía sino él mismo. Estaba vestido de una ropa teñida en sangre; y su nombre es: EL VERBO DE DIOS. Y los ejércitos celestiales, vestidos de lino finísimo, blanco y limpio, le seguían en caballos blancos. De su

boca sale una espada aguda, **para herir con ella a las naciones, y él las regirá con vara de hierro**; y él pisa al lagar del vino del furor y de la ira del Dios Todopoderoso. Y en su vestidura y en su muslo tiene escrito este nombre: REY DE REYES Y SEÑOR DE SEÑORES» (Apocalipsis 19:11-16).

Apocalipsis 19 nos describe el inicio del descenso de Jesucristo para pelear contra las naciones en la guerra del Armagedón (las naciones del mundo en contra de Israel), y dará como resultado el juicio de las naciones mencionado en Mateo 25 en donde las naciones serán juzgadas: los cabritos serán puestos a la izquierda y las ovejas a la derecha. Ahí los cabritos morirán delante de Jesucristo para ir al fuego eterno.

«E irán éstos al **castigo eterno** y los justos a la **vida eterna**» (Mateo 25:46).

Una población de justos empezará a poblar la tierra, y así habrá un mundo en donde imperará la paz. Las personas que habiten la tierra en el milenio (por su perfil) sin duda favorecerán la paz profetizada, ya que todos los malos fueron muertos en el milenio. El milenio por tanto iniciará con gente buena.

Algunas características del milenio

Aunque el objetivo principal de este libro no es conocer los pormenores del milenio, explicaremos algunas de sus características generales para tener una idea general de este período [una información más completa sobre este tema se encuentra en el libro *El reloj de Dios*, escrito por el mismo autor].

Sabemos que Jesucristo gobernará con su Iglesia a las naciones y lo hará con vara de hierro, es decir, con autoridad. El gobierno de Jesucristo será teocrático y será tanto político como religioso. En esta sección mencionaré algunas características de este período.

En el aspecto religioso nos dicen las Escrituras que **todas las naciones tendrán que ir a celebrar la fiesta de los tabernáculos a Jerusalén una vez al año.**

«**Y todos los que sobrevivieren de las naciones que vinieron contra Jerusalén**, subirán de año en año para adorar al Rey, a Jehová de los ejércitos, **y a celebrar la fiesta de los tabernáculos.** Y acontecerá que los de las familias de la tierra **que no subieren a Jerusalén para adorar al Rey, Jehová de los ejércitos, no vendrá sobre ellos lluvia.** Y si la familia de Egipto no subiere y no viniere, sobre ellos no habrá lluvia; **vendrá la plaga con que Jehová herirá las naciones que no subieren para celebrar la fiesta de los tabernáculos.** Esta será la pena del pecado de Egipto, **y del pecado de todas las naciones que no subieren para celebrar la fiesta de los tabernáculos. En aquel día** estará grabado sobre las campanillas de los caballos: SANTIDAD A JEHOVÁ; y las ollas de la casa de Jehová serán como los tazones del altar. Y toda olla en Jerusalén y Judá será consagrada a Jehová de los ejércitos; y todos los que sacrificaren vendrán y tomarán de ellas, y cocerán en ellas; y no habrá en aquel día más mercader en la casa de Jehová de los ejércitos» (Zacarías 14:16-21).

«*Pídeme, y te daré por herencia las naciones*, Y como posesión tuya los confines de la tierra. **Los quebrarás con vara de hierro; Como vasija de alfarero los desmenuzarás**» (Salmos 2:8-9).

Dios establecerá sus leyes, leyes que tendrán como resultado un mundo de paz:

No habrá violencia

«*Porque el violento será acabado, y el escarnecedor será consumido*; serán destruidos todos los que se desvelan para hacer iniquidad» (Isaías 29:20).

«*Nunca más se oirá en tu tierra violencia*, destrucción ni quebrantamiento en tu territorio, sino que a tus muros llamarás Salvación, y a tus puertas Alabanza» (Isaías 60:18).

No se adiestrarán para la guerra; no habrá guerras ni armamentos

«Y vendrán muchos pueblos, y dirán: Venid, y subamos al monte de Jehová, a la casa del Dios de Jacob; y nos enseñará sus caminos, y caminaremos por sus sendas. Porque de Sion saldrá la ley, y de Jerusalén la palabra de Jehová. Y juzgará entre las naciones, y reprenderá a muchos pueblos; y volverán sus espadas en rejas de arado, y sus lanzas en hoces; no alzará espada nación contra nación, ni se adiestrarán más para la guerra» (Isaías 2:3-4)

Satanás será encerrado en prisiones de obscuridad durante todo el tiempo del milenio

Sin duda algo que será muy significativo es que durante el tiempo del milenio satanás estará atado. Cuando Jesucristo venga por segunda vez a la tierra en su caballo blanco y sus ángeles con Él (Apocalipsis 19), satanás será encerrado en prisiones de oscuridad y nadie entonces podrá ser engañado por él; así, no será necesario decir: «Líbrame de la tentación» o «líbrame del mal», porque no habrá quien tiente a la humanidad.

Cuando oramos el Padre Nuestro decimos: «*Padre nuestro que estás en los cielos, santificado sea tu nombre, venga a nosotros tu reino*», estamos orando para que llegue el mundo de paz en la tierra, **el milenio**.

«*Vi a un ángel que descendía del cielo, con la llave del abismo, y una gran cadena en la mano.* **Y prendió al dragón, la serpiente antigua, que es el diablo y Satanás, y lo ató por mil años**; *y lo arrojó al abismo, y lo encerró, y puso su sello sobre él, para que no engañase más a las naciones, hasta que fuesen cumplidos mil años; y después de esto debe ser desatado por un poco de tiempo*» (Apocalipsis 20:1-3).

<u>Seremos reyes y sacerdotes para Cristo</u>
¿Cuáles serán nuestras funciones o responsabilidades en el milenio?

«*Y nos has hecho para nuestro* **Dios reyes y sacerdotes, y reinaremos sobre la tierra**» (Apocalipsis 5:10).

«*Bienaventurado y santo el que tiene parte en la primera resurrección; la segunda muerte no tiene potestad sobre éstos; sino que* **serán sacerdotes de Dios y de Cristo, y reinarán con él mil años**» (Apocalipsis 20:6).

La Biblia dice que los redimidos reinaremos con Cristo durante el milenio; aunque también el apóstol Pedro habla en tiempo presente cuando dice que somos real sacerdocio (1 Pedro 2:9). Esto significa que tenemos parte con Cristo desde ahora (por ser hijos de Dios), y que gobernamos espiritualmente; sin embargo, la promesa está vigente y se hará realidad a su debido tiempo.

Dios muchas veces habla en presente del futuro, como si ya fuese una realidad, ya que es seguro que su Palabra se cumplirá. Por ejemplo, cuando Él dice: «*El que no cree ya ha sido condenado*», ¿significa que ya fue condenado? No, puesto que si está en la tierra aún tiene oportunidad de arrepentimiento; sin embargo, significa que mientras permanezca en incredulidad, la maldición de Dios respecto a los que no creen en Jesús tiene un seguro cumplimiento.

El cristiano victorioso está siendo preparado para lo que sucederá en el futuro; así, lo que suceda en su vida hoy es un entrenamiento para sus funciones durante el milenio, cuando gobierne con Jesucristo. Nuestro carácter está siendo moldeado para lo que haremos durante el milenio, y aún por la eternidad con Dios.

En la Biblia tenemos ejemplos de quienes, sin ser sacerdotes, en algunas ocasiones ejercieron acciones sacerdotales. El rey David, segundo rey de Israel, sin ser sacerdote, hizo las veces de sacerdote al interceder por su pueblo ante Dios. Moisés fue profeta, pero también fue un gran intercesor. Los reyes gobiernan naciones; pero unas son más importantes que otras, unas son de más influencia que otras, y la promesa para nosotros es clara: tendremos autoridad sobre las naciones y las regiremos con vara de hierro por mil años.

En la Biblia podemos observar que mientras los reyes gobernaban naciones, los sacerdotes eran intercesores. Los sacerdotes se comunicaban con Dios y éstos a su vez transmitían la voluntad de Dios al pueblo. La Biblia dice que, estando ya en cuerpos glorificados seremos reyes y sacerdotes, es decir, tendremos autoridad sobre las naciones (reyes) e intercederemos por ellas ante el Rey Jesucristo (sacerdotes); la parábola de las minas en Lucas 19:11-27 hace una gran conexión con este punto.

<u>Tendremos un nombre nuevo</u>
Nuestro nombre no será el mismo que tenemos ahora, Dios cambiará nuestro nombre y es de esperarse que éste represente de alguna manera la jerarquía que Dios nos dará en el milenio. Así como los ángeles tienen jerarquías en el reino celestial, es de suponerse que en el reino de Cristo existan también niveles de autoridad.

> «*El que tiene oído, oiga lo que el Espíritu dice a las Iglesias. Al que venciere, daré a comer el maná escondido,* **y le daré una piedrecita blanca, y en la piedrecita escrito un nombre nuevo, el cual ninguno conoce sino aquel que lo recibe**» (Apocalipsis 2:17).

Haremos ahora una conexión con Mateo 5:19, el cual nos sensibiliza como hijos de Dios a trabajar para su reino. Nos incentiva a ser valientes y esforzados para cumplir los propósitos divinos y hablar la Palabra de verdad con denuedo en medio de una apostasía abrumadora, la cual confunde al mundo de hoy. Sabemos que todo lo que hagamos para Dios, con las intenciones correctas, no es en vano.

> «*De manera que cualquiera que quebrante uno de estos mandamientos muy pequeños, y así enseñe a los hombres,* **muy**

pequeño será llamado en el reino de los cielos; mas cualquiera que los haga y los enseñe, éste será llamado grande en el reino de los cielos» (Mateo 5:19).

Dios dice que nos dará un nombre nuevo y que este nombre podrá ser llamado grande o pequeño en el reino de los cielos. Ninguna obra que hagas en Jesucristo quedará sin recompensa, ninguna obra sobreedificada sobre el fundamento que es Jesucristo será en vano.

Otras características del milenio incluyen: no habrá enfermedades; ningún niño morirá; no habrá deformidades físicas; no habrá idolatría; habrá trabajo y prosperidad; no habrá dolor; desaparecerá la hambruna; no habrá robos; los desiertos reverdecerán; los niños jugarán con los animales salvajes; las personas vivirán muchos años y todos obedecerán una sola ley.

¿Cómo quieres ser llamado en el cielo?

Cuadro de temas principales

Promesa clave	«Seremos como los ángeles»
Introducción	¿Por qué es importante estudiar el tema?
Estableciendo las bases	Fe + Arrepentimiento = obediencia y significa creer a las promesas bíblicas
El mundo invisible de Dios	Conocimiento de su operación
Los ángeles y sus misiones en la Biblia	Conocimiento de sus responsabilidades y obligaciones (pues seremos como ellos)
Ubicación cronológica de la promesa	Cuándo, cómo y dónde se cumple la promesa de Dios
Las obras y el Tribunal de Cristo	La relación de las obras con lo que haremos en el cielo
Las promesas de Dios para su Iglesia en el futuro	Análisis de las promesas de Dios para la Iglesia en el futuro
Resolución	¿En qué edifica mi vida conocer este tema?

RESOLUCIÓN

Comprender y guardar este conocimiento será de mucha edificación para un hijo de Dios. Si un hijo de Dios está desmotivado, este conocimiento le ayudará a enfocar su mirada en las cosas de arriba y a buscar hacer tesoros en el cielo con valentía, esfuerzo y determinación. Entenderá que su trabajo no pasará por alto en los cielos cuando Dios nos llame a cuentas.

Sabiendo que todos los hijos de Dios compadeceremos ante el Tribunal de Cristo, es necesario que corramos la carrera cristiana en oración y gran súplica para agradar a Dios en todo lo que hagamos.

El conocimiento de la Palabra de Dios mediante la lectura de este libro nos incentiva a pelear la buena batalla de fe con mayor entusiasmo y a esforzarnos para retener nuestra corona y no permitir que nadie nos la quite. Nos motiva también a perfeccionar la santidad en el temor a Dios y a hablar de Cristo a todos cuantos podamos. Pues entonces, llegado el día, podremos decir como dijo el apóstol Pablo:

> «*He peleado la buena batalla, he acabado la carrera, he guardado la fe. Por lo demás, me está guardada la corona de justicia, la cual me dará el Señor, juez justo, en aquel día; y no sólo a mí, sino también a todos los que aman su venida*»
> (2 Timoteo 4:7-8).

RECOPILACIÓN DE VERSÍCULOS USADOS EN ESTE LIBRO

1. Marcos 12:25
2. Colosenses 1:16
3. Marcos 12:24
4. 2 Timoteo 4:7
5. Mateo 6:19-20
6. Colosenses 3:2
7. Marcos 9:41
8. Apocalipsis 4:10-11
9. 1 Tesalonicenses 4:17
10. Juan 14:2
11. Mateo 18:10
12. Apocalipsis 3:11
13. 1 Corintios 9:25
14. Mateo 5:19
15. Apocalipsis 2:17
16. Mateo 11:11
17. Colosenses 2:10
18. Juan 5:39
19. Apocalipsis 22:8-9
20. Gálatas 1:8
21. Hebreos 11:6
22. Romanos 10:17
23. Hechos 17:30
24. Romanos 3:23
25. 2 Corintios 7:1
26. Salmo 119:1-5
27. Hebreos 5:9
28. Juan 14:21
29. 2 Corintios 13:5
30. Hebreos 11:1
32. Apocalipsis 9:1
33. Mateo 18:10
34. Salmo 103:20
35. 1 Reyes 22:19
36. Nehemías 9:6
37. Lucas 2:13-14
38. Lucas 20:34-35
39. Lucas 20:36
40. 2 Pedro 2:11
41. Salmo 103:20
42. Mateo 28:1-4
43. 2 Samuel 14:20
44. Salmo 78:23-25
45. Juan 6:31
46. Génesis 19:1-3
47. Hebreos 1:14
48. Éxodo 3:2
49. Isaías 6:2
50. Apocalipsis 8:13
51. Apocalipsis 14:6
52. Daniel 9:21
53. Job 25:3

54. Hebreos 12:22
55. Salmo 68:17
56. Apocalipsis 5:11
57. Hebreos 13:2
58. Apocalipsis 1:7
59. Apocalipsis 22:6
60. Lucas 15:7, 10
61. Números 22:23-32
62. Daniel 6:21-24
63. 1 Corintios 4:9
64. Efesios 1:21-23
65. 1 Corintios 6:2-3
66. 1 Pedro 3:22
67. Hebreos 1:13
68. Judas 1:6
69. Génesis 6:1-4
70. 2 Pedro 2:4
71. Mateo 24:37
72. Génesis 32:24-28
73. Génesis 18:1-15
74. Salmo 8:4-5
75. Salmo 78:49
76. Lucas 24:39
77. Mateo 28:3
78. Job 4:15
79. Mateo 28:2
80. Efesios 6:11-19
81. Marcos 16:15
82. Proverbios 11:30
83. Apocalipsis 19:11-16
84. Daniel 12:1
85. Apocalipsis 12:7-8
86. Judas 1:9
87. 2 Reyes 6:14-18
88. 2 Reyes 2:11
89. Génesis 28:12
90. Romanos 8:31
91. Salmo 34:7
92. Proverbios 1:7
93. Efesios 5:21
94. 1 Juan 3:8-9
95. Salmo 91:11
96. Génesis 24:7
97. Apocalipsis 16:1
98. Apocalipsis 16:5
99. Mateo 10:29-31
100. Génesis 19:12-13
101. Apocalipsis 15:4
102. 2 Samuel 24:15-17
103. Apocalipsis 7:1
104. Apocalipsis 6:8
105. Isaías 11:6
106. Mateo 18:6
107. Mateo 18:10
108. Salmo 35:5-6
109. Proverbios 16:7
110. Proverbios 24:17-18
111. Lucas 16:22
112. Apocalipsis 1:1
113. Apocalipsis 22:9
114. Daniel 10:12
115. Daniel 10:23
116. Josué 5:15
117. Daniel 10:21
118. Daniel 12:1
119. Génesis 3:24
110. Lucas 22:42
121. Lucas 22:43
122. Mateo 4:11
123. Daniel 10:17-18
124. 1 Reyes 19:4-8
125. Éxodo 14:19
126. Éxodo 32:34
127. Números 20:16
128. Hechos 7:38
129. Gálatas 3:19

130. Hebreos 2:2
131. Jueces 6:11-24
132. Génesis 16:7-12
133. Juan 14:16-18
134. Hechos 5:17-20
135. Hechos 8:26
136. Hechos 10:1-4
137. Hechos 12:7-10
138. Hechos 12:21-24
139. Hechos 27:22-25
140. Lucas 1:11-19
141. Lucas 1:26-27
142. Mateo 1:19-21
143. Mateo 2:19-20
144. Mateo 28:5-6
145. Isaías 6:1-8
146. Éxodo 25:18-22
147. Éxodo 37:6-9
148. Éxodo 20:3-4
149. Ezequiel 1:4-28
150. Apocalipsis 1:3
151. Mateo 28:18
152. Apocalipsis 4:7-9
153. Lucas 12:37
154. Apocalipsis 3:5
155. Apocalipsis 20:15
156. Mateo 13:42
157. Apocalipsis 21:5
158. Apocalipsis 22:6
159. Apocalipsis 4:5
160. Isaías 11:1-2
161. Isaías 53:3-7
162. Génesis 1:1
163. Juan 1:1-2
164. Ezequiel 28:12-19
165. Romanos 6:23
166. Ezequiel 28:13
167. Ezequiel 28:14
168. Hebreos 12:22
169. Juan 14:16-18
170. Gálatas 4:26
171. 2 Pedro 1:21
172. 2 Corintios 3:16
173. Ezequiel 28:15
174. Ezequiel 28:17
175. Isaías 14:9-12
176. Éxodo 32:5-7
177. Isaías 14:13-15
178. 1 Corintios 14:15
179. Jeremías 17:9
180. 2 Corintios 11:14
181. Colosenses 1:16
182. Efesios 6:12
183. Apocalipsis 10:1-6
184. Apocalipsis 16:5
185. Apocalipsis 7:7
186. Colosenses 2:10
187. Daniel 10:13
188. Daniel 12:1
189. Mateo 24:21
190. Lucas 21:36
191. Apocalipsis 12:7-9
192. 1 Tesalonicenses 5:1
193. 2 Corintios 12:2-4
194. 1 Tesalonicenses 4:17
195. 1 Tesalonicenses 4:16
196. 1 Tesalonicenses 5:23
197. 2 Corintios 5:8
198. Eclesiastés 12:7
199. Génesis 35:18
200. 1 Reyes 17:21-22
201. Salmo 90:10
202. 1 Corintios 15:51-52
203. 1 Corintios 15:53-57
204. Hebreos 12:14
205. Apocalipsis 19:7-9

206. Apocalipsis 3:5
207. 2 Corintios 13:5
208. Mateo 7:13
209. Apocalipsis 20:5
210. Apocalipsis 2:11
211. Apocalipsis 20:11-15
212. Mateo 7:21-23
213. Lucas 10:20
214. 1 Timoteo 4:16
215. Juan 3:3-9
216. Juan 5:24
217. 1 Tesalonicenses 4:16
218. 1 Tesalonicenses 4:17
219. Marcos 9:41
220. Jeremías 17:9-10
221. Efesios 2:10
222. Efesios 2:8-9
223. Santiago 2:26
224. 2 Corintios 5:10
225. Apocalipsis 3:11
226. Juan 1:12
227. Juan 3:3
228. 2 Corintios 3:16
229. Romanos 8:14
230. Mateo 7:21
231. Hebreos 5:9
232. Filipenses 2:12
233. Juan 14:21
234. 1 Juan 3:8-9
235. Marcos 8:38
236. Juan 3:3
237. Hebreos 11:6
238. Hebreos 2:3
239. 1 Pedro 4:18
240. 1 Corintios 3:7-23
241. Gálatas 6:7
243. Proverbios 3:11
244. Hebreos 12:4-8

245. 2 Timoteo 2:15
246. Colosenses 2:13-15
247. Hebreos 8:12
248. Romanos 3:24
249. Hebreos 10:12-14
250. 1 Corintios 11:1
251. Efesios 4:13
252. 2 Corintios 7:1
253. 1 Pedro 1:16
254. Juan 8:29
255. Proverbios 11:30
256. Marcos 16:15
257. Santiago 5:20
258. Filipenses 4:1
259. 1 Tesalonicenses 2:19-20
260. 1 Timoteo 4:8
261. Mateo 14:13
262. Mateo 25:14-28
263. Santiago 1:12
264. Apocalipsis 2:10
265. Romanos 12:1
266. Salmo 138:8
267. 1 Pedro 5:1-4
268. Gálatas 5:22-23
269. 2 Pedro 3:3-8
270. 1 Corintios 9:25-26
271. Juan 8:29
272. 1 Corintios 13:1-8
273. 1 Pedro 4:8
274. Juan 7:17-18
275. 1 Pedro 5:4
276. 2 Timoteo 4:8
277. Filipenses 2:16
278. 1 Corintios 9:26
279. 2 Timoteo 4:7
300. 2 Timoteo 2:5
301. Efesios 6:12
302. Santiago 1:12

303. 2 Pedro 5:4
304. 1 Corintios 9:24-25
305. 2 Timoteo 4:8
306. 1 Tesalonicenses 2:19-20
307. Apocalipsis 3:11
308. Juan 3:16
309. Juan 3:18
310. Hebreos 11:6
311. 1 Tesalonicenses 4:17
312. Mateo 22:30
313. Filipenses 3:21
314. Isaías 40:31
315. 1 Corintios 13:12
316. Apocalipsis 20:6
317. Apocalipsis 2:26-27
318. Mateo 25:31-34
319. Mateo 25:34-41
340. Apocalipsis 19:11-16
341. Mateo 25:46
342. Zacarías 13:8-9
343. Zacarías 14:16-21
344. Salmos 2:8-9
345. Isaías 29:20
346. Isaías 60:18
347. Isaías 2:3-4
348. Apocalipsis 20:1-3
349. Apocalipsis 5:10
350. Apocalipsis 20:6
351. Apocalipsis 2:17
352. Mateo 5:19
353. 2 Timoteo 4:7
354. Hechos 17:30
355. Romanos 10:14
356. Juan 3:16

PALABRA PURA
palabra-pura.com

La editorial Palabra Pura está dedicada a crear materiales de educación cristiana para el estudio personal, la iglesia e institutos bíblicos. Usted puede consultar los recursos que ofrecemos en nuestra página web:

www.Palabra-Pura.com

Confiamos que la lectura de este libro haya sido de gran bendición para su vida. Mucho nos ayudará a seguir adelante si nos otorgara tan sólo unos minutos de su valioso tiempo para escribir un comentario positivo respecto a este libro **en la pagina de Amazon** (no es necesario comprar el libro para escribir su opinión o *review*).

Gracias por ser parte de nuestra comunidad de lectores y darnos el privilegio de servirle.
¡Dios le bendiga!